나는 노후에 가난하지 않기로 결심했다

나는 노후에 가난하지 않기로 결심했다

한 달 30만 원으로 레벨업하는
ETF 연금저축의 기적

서대리 지음

세이지

프롤로그

평범한 사람들의 노후를 구원할 연금저축, 소름돋는 200% 활용법

직장인들이 두 명 이상 모이면 나오는 이야깃거리가 있습니다. 바로 "로또 1등에 당첨된다면 퇴사하고 자유인의 삶을 살 수 있을 것인가"에 대한 이야기입니다. 불과 5년 전만 해도 대부분의 직장인들이 이 질문을 듣자마자 1초 만에 "당장 퇴사한다"고 대답했다고 합니다. 하지만 이제는 상황이 달라졌습니다. 요즘은 로또 1등 당첨금만으로는 회사를 그만둘 수 없다는 대답이 더 우세합니다.

실제로 집값이 가파르게 올라서 로또 1등 당첨금이 20억이라고 해도 수도권에 내가 살 집을 구매하면 당첨금의 절반 이상은 사라집니다. 그리고 남은 돈으로 회사를 다니지 않고 평생 자유인으로 사는 것은 쉽지 않아 보입니다.

대한민국 직장인이라면 누구나 은퇴 후 여유로운 생활을 꿈꿉니다. 요즘은 파이어족이 트렌드라 10년 내외로 일하고 40대 은퇴를 목표로 하는 사람들이 많이 늘어났습니다. 그렇지만 대부분의 직장인들은 20~30년 직장생활 후 은퇴하는 것이 보통입니다.

이렇게 인생의 3분의 1 이상을 일하고 난 뒤 은퇴했을 때 돈에 쪼들려 사는 노후를 원하는 사람은 아무도 없을 것입니다. 아침햇살에 눈을 떠 간단한 스트레칭과 독서로 오전을 보내고, 점심엔 스타벅스에 가서 커피 한잔의 여유를 즐깁니다. 그리고 저녁식사로 오랜만에 스테이크를 먹고 새로 공개한 넷플릭스 신작 영화를 보다가 잠듭니다. 결정적으로 다음날 출근 걱정 없이 원하지 않는 사람들을 만나지 않고, 하기 싫은 일을 안 해도 되는 자유! 저마다 차이는 있겠지만 다들 생각하는 은퇴 후 여유로운 노후생활의 이미지는 비슷할 겁니다.

다들 이런 노후를 원하지만 로또 1등에 당첨되어도 노동에서 벗어날 수 없다는 요즘 사람들의 인식처럼 현실은 냉혹합니다. 한국의 노인빈곤율은 OECD 국가 중 압도적 1등이며, 노인 고용률도 1등입니다. 20~30년 죽도록 일하고 은퇴했지만 생존을 위해 또다시 직업전선에 뛰어들어 돈을 벌어야 한다는 뜻입니다. 현재 20~30대인 90년생부터는 국민연금도 온전히 못 받을 수 있다는 뉴스가 심심치 않게 들려오는 만큼 시간이 갈수록 삶의 난이도가 높아지고 있습니다.

물론 대한민국 직장인들이 노후 준비를 손 놓고 있는 것은 아닙니다. 최근 많은 직장인들이 회사에서 주는 월급에서 벗어나 새로운 도전을 하고 있습니다. 부동산이나 주식투자 등의 재테크나 N잡 등으로 월급 외 부수입을 창출하는 활동이 늘고 있습니다. 서대리 역시 '월급 외 수입 월 100만 원'을 위해 2019년부터 유튜브와 블로그를 운영하며 부수입을 창출하고 있고, 이를 기반으로 또 다른 새로운 활동을 이어가고 있습니다.

부수입 월 100만 원을 더 받는 방법에는 많은 사람들이 열광합니다. 하지만 '연금 월 100만 원 만들기'라는 주제에는 많은 분들이 무심합니다. 이미 대한민국 국민들의 노후문제가 심각한 상황이고, 어떻게 보면 은퇴 후의 삶이 그동안 살았던 기간보다 길 수도 있는 만큼 안정적인 연금소득 만들기가 반드시 필요한 상황인데 말이죠.

"노후 준비를 왜 안하세요?"라고 물어보면 돌아오는 대답은 대부분 비슷합니다. 지금도 아이 키우며 먹고살기 빠듯하기 때문에 노후 준비까지 하기 어렵다는 답변이 대부분입니다. 지금 당장 어떤 행동을 취한다고 해도 그 결과가 바로 눈앞에 보이지 않기 때문이기도 합니다.

최근에는 "41년 만의 최악의 인플레이션 쇼크"라는 뉴스를 매일 접할 정도로 물가상승률도 엄청나다 보니 노후준비를 적극적으로 준비하기가 더 어려워졌습니다. 1년 만에 4인 가족의 식비가 10%, 외식비는 17%나 늘어났고 그 외 모든 비용도 두 자릿수 이상으로 증가하면서 전보다 더욱 팍팍해진 현실에 대응하기에도 벅찬 것도 사실입니다.

하지만 우리는 그 무엇보다 노후 준비에 우선순위를 두고 대비해야 합니다. 어떻게 보면 내 집 마련보다 더 중요할 수 있습니다. 이제는 100세 시대이기 때문입니다. 약 20여 년 후에는 평균 수명이 120세까지 될 수도 있습니다. 지금보다 병원도 많이 다닐 것이며 큰병을 치료해야 할 상황도 생길 겁니다. 나이가 들수록 지갑은 열고 입은 닫으라는 말처럼 노후에는 돈이 있어야 사회활동도 가능합니다.

늘어나는 수명과 다르게 직장인 수명은 점점 짧아지고 있습니다. 예전에는 50대면 회사에서 잘릴 것을 걱정했지만 지금은 40대도 회사에서 나오는 세상입니다. 2023년 기사에 따르면

평균 퇴직연령이 49세로 더 낮아졌습니다. 4050에 회사에서 나오면 인생의 남은 40~50년은 오롯이 혼자의 힘으로 생존해야합니다. 막막하지 않나요?

결국 직장 생활 10년, 길면 30년 동안 열심히 번 돈으로 50년 이상 생존할 수 있는 노후 준비를 해야 합니다. 이때 준비를 제대로 못 해놓으면 영원히 일해야 합니다. 일을 할 수 있으면 다행인데 아마 미래에는 단순노동 일자리도 기계에 다 뺏길 수도 있습니다. 카페에 있는 무인주문기계처럼 말이죠.

계속 읽다 보니 노후준비를 해야겠다는 생각이 강하게 들지 않나요? 이렇게 '노후준비'라는 생각에 초점이 맞춰졌다면 벌써 절반은 성공입니다. 뇌 과학자들은 "뇌가 과거만 기억하는 것이 아니라 미래도 기억한다"고 말합니다. 우리가 이루고 싶은 목표를 머릿속으로 꾸준히, 그리고 구체적으로 생각하고 고민하다 보면, 우리의 뇌가 아직 일어나지도 않은 미래의 일을 실제로 경험한 것처럼 선명하게 기억한다는 뜻입니다. 그리고 이는 실제 행동으로 이어져 목표를 달성할 수 있게 도와줍니다.

하지만 곧바로 여러가지 궁금점들이 머릿속에 넘쳐날 겁니다. 바로 얼마나, 어떻게 준비해야 할지 막막하기 때문이죠. 한 달에 월급의 70~80% 이상을 숨만 쉬고 모아야할 것 같다는 막연한 불안감이 드실 수 있습니다.

하지만 걱정하실 필요 없습니다. 한 달에 30만 원씩 모으면 죽을 때까지 매월 300만 원(세전)씩 쓰면서 살 수 있는 방법이 있기 때문입니다. 한 달에 200~300만 원씩 모아야 노후를 대비할 수 있을 것 같다고 생각할 수 있지만 한 달에 30만 원 안팎으로 시작해도 충분히 노후를 준비할 수 있습니다. 말이 안 된다고요?

이 책에서는 직장인들이 단순하게 월 30만 원으로도 충분히 노후 준비를 할 수 있는 방법을 자세하게 설명합니다. 준비물은 직장인들이 연말정산 세액공제를 위해 납입하는 연금저축(증권사용) 계좌와 매달 30만 원, 그리고 한 달에 2분 정도의 시간과 '노후준비'에 대한 의지, 네 가지면 충분합니다.

지금처럼 월급을 제외한 모든 것이 다 오르는 인플레이션과 금리 인상이 겹친 암담한 시기에도 연금 준비 과정이 유효할지 의구심이 들 것입니다. 하지만 이 방법은 이미 역사 속에서 검증된 방법입니다. 미국의 닷컴버블, 미국의 대형 금융사들이 줄줄이 도산하고 달러 자산이 휴짓조각이 된다고 떠들어댔던 2008

년 서브프라임 모기지 사태, 2020년 코로나 팬데믹으로 인한 주가 폭락, 심지어 세계대전이 일어났을 때에도 유효했던 방법입니다. 앞으로도 연이은 금리 인상 예고와 그에 따른 '역대급 경기침체'에 대한 불안감이 고조되고 있지만 이 전략은 시대적 상황이 크게 중요하지 않습니다.

노후를 준비하는 우리 같은 평범한 사람들에게 하락장은 오히려 기회가 됩니다. 경기가 좋든 나쁘든 인류가 멸망하지 않는 한 경제는 돌아가며, 장기투자를 하는 우리들은 낮은 가격에 매수할 수 있는 좋은 기회이기 때문입니다.

현재 서대리 역시 책에 소개한 방법대로 연금저축계좌로 착실히 노후 준비를 하고 있으며, 그 과정을 매월 유튜브 채널을 통해 많은 구독자분들과 공유하고 있습니다. 이 책에서는 유튜브 채널에서 큰 호응을 얻었던 콘텐츠와 구독자들의 궁금증을 바탕으로 노후준비를 하는 가장 빠르고 효과적인 트랙을 여러분께 자세히 소개해드리고자 합니다. 자, 그럼 본격적으로 노후준비를 시작해보겠습니다.

차례

1

연금저축, 이건 미친 상품입니다

많은 사람들이 은퇴와 노후 준비 등에 대해 막막함을 느끼는 가장 큰 이유는 큰돈이 필요하다는 생각 때문입니다. 한 통계자료에 따르면 대한민국 국민들은 평균 12억 정도의 자산이 있으면 회사를 그만두고 여유로운 노후를 보낼 수 있을 것이라고 응답했습니다.

12억 원이라는 금액은 적금으로만 매월 300만 원씩 33년 동안 꼬박 저축해야 달성할 수 있는 목표입니다. 월 300만 원씩 월급에서 따로 빼서 쓰는 것도 숨 막히는데(실제로 이렇게 할 수 있는 직장인은 극히 드뭅니다) 33년 동안 저축해야 많은 사람들이 생각하는 은퇴자산인 12억 원을 모을 수 있다는 미칠 듯한 난이도에 질려 노후 준비에 대한 생각을 접게 됩니다.

거기에다 33년 후에는 물가상승으로 인해 은퇴하려면 12억이 아니라 더 많은 돈이 필요할 것입니다. 그렇다면 그 돈을 모으는 데 드는 시간은 더 늘어납니다.

노후 준비의 핵심은 목돈보다 현금흐름

이처럼 노후 준비라고 하면 막막하다는 생각부터 하기 때문에 지레 포기를 해버립니다. 그렇게 시간은 계속 흐르고 은퇴할 시기는 다가옵니다. 그리고 시간이 지나 회사생활에서 은퇴하고(정년까지 채울 수 있으면 다행) 젊은 날 잠깐 걱정했던 노후가 현실로 다가옵니다.

하지만 노후 준비에 대해서 조금 다르게 생각해보면 어떨까요? 꼭 몇십억이라는 돈이 필요할까요? 안정적인 노후, 은퇴생활의 핵심은 결국 '꾸준한 월 현금흐름'입니다. 물론 자산이 많으면 현금흐름도 만들기 쉽습니다. 금융자산으로 20억 원이 있다면 연이자가 2%인 예금에 넣어두어도 매년 4천만 원(세전)의 이자를 받을 수 있기 때문입니다. 하지만 자산에서 부채를 뺀 순자산으로 13억 원을 보유한 가구가 대한민국 상위 1% 수준이라고 하니 대부분의 평범한 사람들은 본인의 라이프스타일에 맞게 생활비가 따박따박 들어오는 월 현금흐름 시스템을 만들어야 합니다.

그렇다면 한 달에 얼마의 현금이 내 계좌로 들어와야 안정적인 노후생활이 가능할까요? 국민연금공단에서 발표한 최소 노후생활비는 1인당 대략 월 117만 원 정도라고 합니다. 대한민국에서 살아가는 평범한 노후생활을 기준으로 한 금액입니다.

30년 후 매년 물가상승률이 2%라고 가정하면 1인당 최소 노후생활비는 대략 212만 원이 됩니다(117만 원×$(1+2\%)^{30}$). '최소 생활비'로 사용할 212만 원을 노후에 만들어야 한다고 생각하니 이 역시 시작부터 막막하실 겁니다. 하지만 걱정하실 필요 없습니다.

프롤로그에서 언급한 것처럼 월 30만 원씩만 모아도 노후 준비는 충분히 할 수 있습니다. 월 300만 원이 아니라 10분의 1인 30만 원씩만으로 말이죠. 거기다가 더 소름 돋는 사실은 매달 212만 원씩 연금계좌에서 꺼내 사용하면서도 계좌 잔고는 줄어들지 않는다는 점입니다. 어떻게 이게 가능할까요? 월 30만 원씩 모아서 안정적인 노후생활을 할 수 있는 방법을 구체적으로 풀어보면 다음과 같습니다.

"연금저축 계좌에서 매달 30만 원씩 30년 동안 미국 S&P500 ETF에 투자하면 30년 후부터 죽을 때까지 매달 300만 원(세전)을 연금으로 받을 수 있다."

어떤가요? 현재 연금과세(연 1,500만 원 초과 수령 시 종합과세 대상)를 기준으로 해도 300만 원, 세후 월 264만 원을 생활비로 쓸 수 있습니다. 이는 평균 최소 노후생활비 212만 원보다 무려 52만 원이나 더 쓸 수 있는 돈입니다.(연금에 붙는 세금에 대한 상세한 내용은 6장에서 다루겠습니다.)

한 달에 30만 원씩 노후를 준비해서 이 정도 아웃풋이라면 충분히 해볼 만하지 않나요? 매월 30만 원씩 30년을 모으면 원금이 1억 800만 원이며(물론 1억도 큰돈입니다) 이 돈을 연금저축 계좌에서 미국 S&P500 ETF에 투자하면 노후에 매월 264만 원씩 쓰고 살 수 있게 됩니다. 물론 월 264만 원으로는 30년 후에 돈으로부터 완전히 해방될 만큼 여유로운 규모는 아닐 수 있지만, 몇십억씩 모을 필요 없이 매월 이 정도의 노력만으로도 훌륭한 노후 대비가 되는 것입니다.

이처럼 노후 준비는 거창한 것이 아닙니다. 30만 원이 부담된다면 여러분들이 한 달에 한두 번 외식을 하지 않거나, 옷을 한 벌 덜 사서 5만 원씩만 매달 연금저축에 투자해도 30년 후부터는 죽을 때까지 매달 50만 원(세전)씩 받을 수 있습니다. 월 투자금액에 따른 대략적인 예상 노후생활비(월 현금흐름)은 다음의 표와 같습니다.

표 | **월 투자금액에 따른 예상 노후생활비(월 현금흐름, 세전)**

30년 납입		연평균 수익률						
		0%	7%	8%	10%	12%	15%	20%
월 납입금액	3만	0	21	30	49	106	263	1,168
	5만	0	36	50	81	176	438	1,947
	10만	0	72	100	162	353	876	3,893
	15만	0	107	150	243	529	1,314	5,840
	20만	0	143	200	324	706	1,752	7,787
	25만	0	179	250	406	882	2,191	9,734
	30만	0	215	300	487	1,059	2,629	11,680
	50만	0	358	500	811	1,765	4,381	19,467

단위: 만 원

연금저축 계좌에서 월 30만 원씩 S&P500 ETF에 투자하면 어떻게 죽을 때까지 매월 300만 원(세후)을 받을 수 있는지 원리가 궁금하실 겁니다. 그러기 위해서 먼저 우리가 입금하고 투자해야 하는 특별한 계좌인 연금저축 계좌와 투자대상인 S&P500 ETF에 대해 자세히 알아보겠습니다.

연금저축의 놀라운 3단계 혜택

연금저축은 가입자의 노후 현금흐름을 만들어주고 생활을 안정시킬 목적으로 탄생한 금융상품입니다. 연금저축 계좌에서는 다양한 ETF나 펀드 등의 금융상품을 담아 세제 혜택을 받으며 불릴 수 있고, 은퇴 이후(만 55세 이후, 5년 이상 가입) 연금으로 수령할 때 모든 혜택이 완성되는 은퇴 전용 상품입니다.

그렇다면 연금저축 계좌에 꼭 가입해야 하는 이유를 살펴보겠습니다. 연금저축 상품은 돈을 넣는 것부터 불리고 나이 들어 수령하기까지의 모든 단계에 국가가 주는 세제 혜택이 흠뻑 녹아 있습니다. 현재 대한민국에서 경제활동을 하는 사람들이 가입할 수 있는 금융상품 중 최강의 세제 혜택을 주는 상품입니다.

❶ 입금만 해도 매년 세액공제 혜택을 받습니다

1년에 600만 원까지 연금저축 계좌에 돈을 납입하면 입금액의 13.2~16.5%까지 세금을 환급받을 수 있습니다(최대 납입 한도는 연 1,800만 원, 2023년부터 400만 원에서 600만 원으로 세액공제받는 한도가 늘어남). 세액공제라는 의미는 말 그대로 내야 할 세금을 빼준다는 뜻입니다. 만약 직장인이 연금저축 계좌에 세액공제

그림 | **연금저축의 세액공제 혜택**

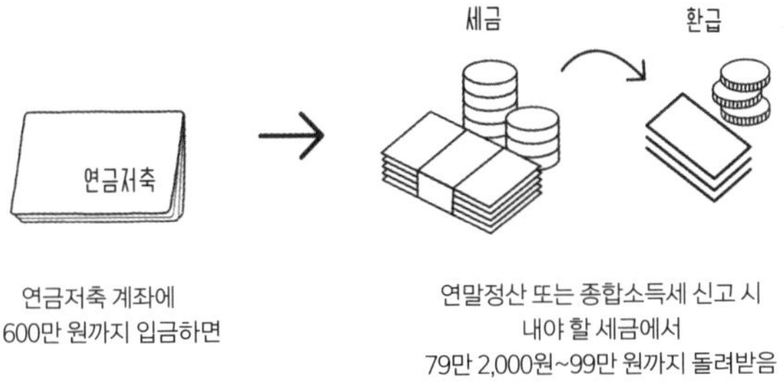

한도인 600만 원을 전부 입금했다면 연말정산을 할 때 내야 할 세금 중 79만 2천 원에서 99만 원까지를 돌려받게 됩니다. 참고로 세액공제 환급 비율은 연봉 5,500만 원 이하라면 16.5%, 연봉이 5,500만 원 초과라면 13.2%입니다.

연금저축 계좌에 입금만 하고 ETF 등을 매수하지 않아도 연말정산 세액공제 혜택을 받을 수 있기 때문에 간단하게 생각해서 이자가 13.2%~16.5%인 1년 정기예금이라고 보면 됩니다. 12월에 입금만 해도 이듬해 2월에 16.5%의 이자를 지급해주는 미친 금융상품입니다.

매년 1월부터 12월 사이에 연금저축 계좌에 입금한 금액에 대해서만 13.2~16.5%의 세액공제 혜택을 준다는 점이 아쉽기는 하지만 1년짜리 예금 중에서 이보다 좋은 조건을 가진 금융상품은 앞으로도 나오기 힘들어 보입니다.

❷ 굴리는 과정에도 세금을 떼지 않습니다

보통 금융상품 거래 시 수익이 발생하면 수익의 종류에 따라 세금을 내야 합니다. "죽음과 세금은 피할 수 없다"는 벤저민 프랭클린의 명언처럼 신입사원이 아껴 모은 소박한 적금 이자에도 15.4%의 이자소득세를 뗍니다.

하지만 연금저축 계좌에서는 수익에 발생하는 세금을 전혀 떼지 않고, 대신 55세 이후 연금을 수령할 때 낮은 비율의 연금소득세로 내면 됩니다. 이를 '과세이연'이라고 합니다. 매년 실현 수익이나 ETF 분배금에 대한 세금(배당소득세)을 전혀 내지 않고 그대로 재투자할 수 있기 때문에 장기투자를 하며 진정한 복리 효과를 누릴 수 있습니다.

❸ 연금을 받을 때 세금 혜택이 큽니다

과세이연에 이어 실제 연금을 수령할 때도 내야 하는 세금이 파격적으로 적습니다. 연금 수령 연령에 따라 3.3~5.5%의 낮은

표 | 연금 수령 시 과세율

연금수령 개시 당시 연령	적용 세율	연금 수령액 연 1,500만 원 초과 시
만 70세 미만	5.5%	종합소득세율 적용 또는 16.5% 분리과세 (선택)
만 70세~ 만 80세 미만	4.4%	
만 80세 이상	3.3%	

자료: 금융감독원

세율이 부과되기 때문입니다. 세금이 5.5%밖에 안되기 때문에 일반 금융상품에서 수익에 발생하는 15.4%의 세금과 비교했을 때 차이가 상당합니다.

예를 들어 일반 주식계좌와 연금저축 계좌에서 각각 국내상장 해외주식형 ETF로 1,000만 원의 배당수익이 발생해 이를 인출한다고 가정해보겠습니다. 그렇다면 일반 주식계좌에서는 15.4%를 배당소득세로 낸 후 총 846만 원을 인출해서 사용할 수 있습니다. 하지만 연금저축 계좌에서는 연금소득세 5.5%를 제외하고 945만 원을 생활비로 사용할 수 있습니다. 무려 99만 원이나 차이가 납니다. 이렇게 주기만 하는 연금저축, 가입하지 않기에는 너무나도 혜택이 좋습니다.

표 | **연금저축 계좌의 특성과 금융사별 연금 상품 비교**

구분	연금저축 계좌
가입대상	제한 없음
판매기간	2013. 3월~현재
납입요건	가입기간 : 5년 이상. 납입금액 : 연 1,800만 원 한도
연금수령 요건	만 55세 이후 수령, 연간 연금수령한도 내에서 수령할 것
연금수령 한도	연금계좌의 평가액 ÷ (11 – 연금수령연차) × 1.2
세제혜택(한도)	1. 월 총 급여 5,500만 원 이하 16.5% 2. 월 총 급여 5,500만 원 초과 13.2%
중도해지 과세	기타소득세(16.5%)
연금수령 시 세율	연금소득세(5.5% ~3.3%)
종합과세	연간 연금수령액 1,500만 원 초과 시 종합소득세율 적용 또는 16.5% 선택

	은행	자산운용사	보험
상품구분	연금저축신탁 (2018년 이후 판매 중지)	연금저축펀드	연금저축보험
주요 판매사	은행	증권사, 은행, 보험사	증권사, 은행, 보험사
납입 방식	자유적립식	자유적립식	정기납입
적용 금리	실적배당	실적배당	공시이율
연금수령 방식	확정기간형	확정기간형	확정기간형, 종신형(생보만)
원금보장	비보장	비보장	보장
예금보호	보호	비보호	보호

출처: 금융감독원

정식 명칭은 연금저축펀드입니다. 대체로 증권사를 통해 연금저축 계좌를 만들고 ETF나 펀드 등을 담아 운용하며 강력한 세제 혜택을 받는 상품을 연금저축펀드라고 말합니다.

보통 뒤에 '펀드'라는 단어가 붙어 펀드 상품으로 혼동하는 경우가 많아 앞으로 이 책에서는 '연금저축'이라고 표기하겠습니다. 연금저축은 55세가 넘어도 계좌 개설과 투자가 가능하며 온전한 혜택을 받으며 불려나갈 수 있으니 여유가 되신다면 반드시 가입하시길 바랍니다.

2000년까지 은행에서 적금과 유사한 연금저축신탁을 판매해 가입할 수 있었는데 현재는 판매가 중지됐습니다. 연금상품은 은행, 증권사, 보험사에서 판매하는 연금저축과 연금보험만 가입이 가능합니다. 이 책에서는 증권사에서 투자할 수 있는 연금저축 계좌 운영을 중심으로 다룰 예정이며 5장에서는 IRP와 ISA계좌도 설명하겠습니다.

연금저축 투자 시작하기

노후 준비의 첫걸음인 증권사 연금저축 계좌 개설부터 시작하겠습니다. 신분증을 들고 증권사에 방문해 계좌를 개설해도 되지만 요즘에는 은행뿐 아니라 증권사도 오프라인 지점이 적어 영업시간 내에 찾아가서 개설하기는 번거롭습니다.

요즘은 스마트폰에 증권사 어플을 설치하면 비대면으로 증권 계좌 개설이 가능합니다. 신분증과 스마트폰만 있으면 집에서 바로 계좌를 개설할 수 있기 때문에 비대면으로 계좌를 개설하는 것을 추천합니다. 증권 계좌를 개설한 후 연금저축 계좌를 추가로 개설하면 됩니다.

연금저축 계좌를 개설했다면 그 다음부터는 일반 주식 계좌 개설 운영 방식과 거의 똑같습니다. 연금저축 계좌로 돈을 입금하고 원하는 상품에 투자하면 되기 때문입니다.

입금하는 것만으로도 세액공제를 적용받으며, 이 계좌 안에 넣은 돈으로 아무것도 하지 않아도, 또는 펀드나 ETF를 사고팔며 수익이 발생해도 계좌를 해지하기 전까지는 세금을 내지 않습니다. 적금처럼 매월 10만 원, 20만 원씩 정해진 돈을 입금해도 되고, 회사에서 받은 성과급 등의 목돈을 한 번에 입금해도 됩니다.

연금저축에 넣은 돈은 뺄 수 없을까?

—

많은 분들이 연금저축 계좌에 입금한 돈을 만 55세 이전에는 뺄 수 없다는 사실을 걱정합니다. 정말 연금저축 계좌에 입금한 돈은 출금이 안 될까요?

사실 언제든 출금할 수 있습니다. 일단 당해연도, 즉 세액공제를 적용받기 전 원금은 그대로 출금 가능합니다.

하지만 세액공제를 적용받은 돈에 대해서는 출금 시 기타소득세 16.5%를 내야 하기 때문에 신중하게 생각해야 합니다. 13.2% 세액공제 혜택을 받은 사람은 세액공제받은 돈보다 더 많이 토해내야 하기 때문입니다.

또한 투자 수익과 ETF분배금에 대해서도 연금수령이 아닌 중도에 인출할 경우 마찬가지로 기타소득세 16.5%를 내고 출금이 가능하지만 손해가 큽니다. 결론은 돈이 정말 필요하다면 연금저축 계좌에 있는 돈도 찾아 쓸 수 있습니다. 다만 효율이 많이 떨어질 뿐입니다.

소름돋는 연금저축의 과세이연 혜택

앞에서도 설명했지만 연금저축의 두 번째 장점은 '과세이연' 혜택입니다. 쉽게 이야기해서 지금 내야 할 세금을 20~30년, 연금을 받을 시점으로 미뤄준다는 개념입니다. 연금저축 계좌의 핵심은 세액공제 혜택보다 과세이연 혜택입니다.

예를 들어 일반 주식계좌에서 국내상장 해외 ETF인 TIGER 미국S&P500에 투자해 100만 원의 수익을 실현하면 수익의 15.4%인 15만 4천 원을 배당소득세 명목으로 떼어가고 남은 84만 6천 원을 계좌로 돌려줍니다.

또한 ETF에 투자하다 보면 삼성전자나 SK텔레콤 주식 배당금처럼 분배금이라는 것을 지급하는데요, 기본적으로 주식 배당금과 ETF 분배금도 일반 계좌에서는 15.4%의 배당소득세를 원천징수하고 지급합니다.

하지만 연금저축 계좌에서는 TIGER 미국 S&P500 ETF에 투자했다가 매도하여 100만 원의 수익을 실현하더라도 별도의 세금 없이 100만 원이 그대로 연금저축 계좌에 있습니다. 또한 ETF 분배금도 15.4%의 배당소득세를 떼가지 않고 그대로 계좌에 들어옵니다. 이처럼 투자하는 ETF가 동일하고 계좌만 다

표 | 일반 주식계좌와 연금저축계좌의 세금에 따른 수령액 차이

구분	일반 주식계좌	연금저축계좌
실현수익	1,000만 원	1,000만 원
적용 세금	배당소득세 15.4%	연금으로 수령 시 연금소득세 5.5%
세후수익	846만 원	945만 원
차이		+99만 원

를 뿐인데 세금으로 인한 수익 차이가 발생합니다.

여기서 핵심은 세금 15만 4천 원도 고스란히 다시 TIGER 미국S&P500 ETF나 다른 ETF에 재투자할 수 있기 때문에 투자 복리 효과를 제대로 누릴 수 있다는 점입니다. 똑같이 주식을 팔아 100만 원의 수익을 얻었다고 해도 연금 계좌에서는 1만 원짜리 ETF를 100주 더 살 수 있는데 일반 계좌에서는 85주만 살 수 있기 때문이죠.

그렇다고 연금저축 계좌가 아예 세금을 안 내는 것은 아닙니다. 만 55세 이후 연금수령을 개시할 때 일정 비율의 세금을 내게 되는데요. 연금수령을 신청하는 나이에 따라 연금소득세 명

목으로 3.3~5.5%의 세금이 부과됩니다. 대부분 만 55세부터 만 69세 사이에 수령할 확률이 크다고 보기 때문에 연금소득세는 5.5%라고 생각하시면 편합니다.

간혹 연금저축 투자를 무시하는 몇몇 분들이 원금에도 세금을 부과하는 불합리한 제도라고 비판하시는데요. 과연 그럴까요? 납입한 원금에 대해서는 연금저축의 장점이었던 10% 이상의 세액공제 혜택을 미리 받았기 때문에 절대 손해가 아닙니다.

미리 13.2~16.5%의 세액공제 혜택을 받았는데 30년 후에 5.5% 세금을 떼는 것이 손해일까요? 심지어 30년 후의 400만 원은 인플레이션으로 인해 지금의 400만 원 가치와 다르다는 것을 감안했을 때 절대 손해가 아닙니다. "감사합니다" 하고 기꺼이 세금을 낼 수 있을 정도의 파격적인 혜택입니다.

또한 연말정산 때 연금저축에 납입한 원금에 대해서 세액공제 혜택을 받지 않았다면 30년 후 인출할 때도 세금을 내지 않고 바로 출금할 수 있습니다. 즉, 세금 혜택 측면에서만큼은 한국에 존재하는 최고의 금융상품이라고 할 수 있습니다.

연금저축 계좌를 만들었다면 투자는 2분이면 끝

연금저축 계좌를 개설했고 앞으로 매달 투자할 금액까지 결정했다면 이제 남은 일은 투자만 하면 됩니다. 앞에서 서대리는 매월 투자하는 데 2분밖에 걸리지 않는다고 했는데요. 연금저축 계좌에 투자금을 이체하고 정해진 투자 종목인 ETF나 펀드를 시장가에 매수하면 끝이기 때문에 2분이면 충분합니다. 뒤에서 자세히 설명하겠지만 서대리의 경우 미국시장지수 ETF인 S&P500 ETF와 나스닥 ETF를 중심으로 투자하고 있습니다.

기본적으로 ETF는 자동매수가 안 됩니다. 예전에 펀드에 가입하고 매달 월급통장에서 자동이체를 걸어놓고 투자하셨던 경험이 있는 분들이라면 조금 귀찮을 수 있습니다. 매월 1번 이상씩 증권사 앱에 접속하여 연금저축 계좌에서 직접 매수를 해야 하기 때문입니다.

펀드는 매일 한 가격으로 고정돼 있습니다. 하지만 ETF는 주식과 동일하게 주식시장이 열려 있는 동안에만 거래가 가능하고 그 가격 역시 시시각각 변합니다. 그래서 같은 날 매수하더라도 언제 샀는지에 따라 가격이 달라집니다.

그래서 기본적으로 ETF는 자동매수 기능을 제공하지 않습니다. 다만 최근 몇몇 증권사에서(삼성증권, 키움증권, 우리투자증권, 한국투자증권, 하이투자증권 등) ETF 자동매수 서비스를 제공하고 있으니 관심 있는 분들이라면 연금저축 계좌를 개설할 증권사를 선정할 때 본인의 성향에 맞게 참고하시길 바랍니다(대신 수수료 추가 발생).

참고로 저는 매달 첫째 주식시장 개장일 오전 10시에 알람을 맞춰놓고 그날 시장가로 매수합니다. 회사 업무가 많으면 간혹 다음날 매수할 때도 있지만 기본적으로 직접 매수하는 과정을 통해 '내가 미래를 준비하고 있다'는 심리적인 안정감과 매월 꾸준히 루틴을 지키고 있다는 성취감도 얻을 수 있다는 장점이 있습니다.

없는 돈이다 싶은 돈만 넣기

이처럼 혜택종합선물세트인 연금저축 계좌이지만 단점도 분명 존재합니다. 가장 큰 단점은 역시나 장기간 돈이 묶인다는 점입니다. '연금'이라는 단어가 계좌에 들어간 것에서 알 수 있듯이 연금저축 계좌에 납입한 돈과 수익금은 만 55세 이후에 연금으로 인출해야 세금 혜택을 온전히 누릴 수 있습니다. 노후를 준비하라고 나라에서 큰 혜택을 주는 것이지 내년의 연말정산만을 위해 세액공제 혜택을 주는 것은 아니니까요.

만약 만 55세 이전에 인출하게 되면 이전에 받았던 혜택을 모두 토해내야 합니다. 연금수령이 아닌 중도인출을 하게 될 경우 기타소득세라는 명목으로 16.5%의 세금을 내야 합니다.

16.5%라는 세율은 일반 계좌에서 국내상장 해외 ETF 의 실현 수익과 분배금에 과세되는 배당소득세 15.4%보다 높기 때문에 무조건 손해입니다. 거기다가 연봉이 5,500만 원이 넘는 직장인의 경우 세액공제 비율이 13.2%이기 때문에 만약 연금저축 계좌에서 중도인출할 경우, 세액공제로 연말정산 환급받은 금액은 물론이고 거기다가 추가로 세금을 토해내야 하는 불상사가 생깁니다.

그렇기 때문에 세액공제 혜택과 노후 준비에 대한 부담감으로 너무 무리하게 투자하는 것을 추천하지 않습니다. 본인 생활에 지장이 되지 않는 선에서 "없는 돈이다"라고 생각하고 입금해야 합니다. 인생에서 큰돈을 쓸 이벤트인 결혼이나 내 집 마련, 자동차 구입, 자녀 학비 등을 해결해야 할 때도 문제가 없는 선에서 투자해야 합니다.

다만 아무리 계획을 세웠다고 해도 인생은 생각대로 진행되지 않습니다. 부득이하게 연금저축 계좌에 들어 있는 돈이 필요할 수도 있는데요. 이 경우, 기타소득세 16.5%를 내고 중도인출할 수도 있지만 금융사에서 제공하는 담보대출을 이용하는 것도 방법입니다. 금융사마다 대출금리 등 조건이 다르지만 급하게 자금 확보가 필요한 분들이라면 연금 계좌를 깨지 않는 방법도 있다는 점 기억하시길 바랍니다.

연금을 수령한다면

연금을 수령하기 위해서는 두 가지 조건이 충족돼야 합니다. 소득세법 시행령 제40조의2에 따르면 가입기간이 5년이 경과하고, 만 55세 이후여야 가능합니다. 만약 만 55세 이후에 연금저축을 개설했다면 5년의 가입기간이 경과된 후에 연금으로 받을 수 있습니다.

다만 만 55세가 넘어도 꾸준히 소득이 있거나 현금흐름에 문제가 없다면 연금을 개시하지 않고 계속 납입해도 괜찮습니다. 세액공제와 과세이연 혜택을 계속 받을 수 있고, 연금을 수령하는 나이를 늦출수록 연금소득세율도 낮아지는 효과도 있기 때문입니다.

가입기간 5년과 만 55세, 두 가지 요건이 충족돼 연금을 개시하려면 정부24나 홈택스에서 '연금보험료 등 소득세액 공제 확인서'를 발급한 후 증권사 어플에서 '연금탭 〉 연금개시'에 들어가 간단하게 신청할 수 있습니다. 또는 위의 확인서를 들고 증권사 지점을 방문해 연금수령 접수를 할 수도 있습니다.

다만 수령할 수 있는 연간 연금 한도가 있습니다. 아래의 공식처럼 연금수령 1년차부터 10년차까지는 연금저축계좌 자산에 따라 수령할 수 있는 연금이 정해져 있습니다. 분모가 1이 되는 10년차 이후에는 금액 제한 없이 자유롭게 연금을 수령할 수 있습니다.

$$\text{연금수령 한도} = \frac{\text{연금계좌 평가액}}{11 - \text{연금수령 연차}} \times 1.2$$

서대리가 만 55세가 되어 연금저축에서 연금을 수령한다고 가정해보겠습니다. 그때 연금저축 계좌 총자산이 3억이라면 서대리가 첫해 수령할 수 있는 연금은 총 3,600만 원(세전)이 됩니

표 | 연금을 연 1,500만 원 전후로 받을 때 적용되는 종합소득세율(2024년 기준)

과세표준	세율	누진세액공제
1,500만 원 이하	6%	-
1,500만 원 초과~5,000만 원 이하	15%	108만 원
5,000만 원 초과~8,800만 원 이하	24%	522만 원
8,800만 원 초과~1억 5천만 원 이하	35%	1,490만 원
1억 5천만 원 초과~3억 원 이하	38%	1,940만 원
3억 원 초과~5억 원 이하	40%	2,540만 원
5억 원 초과~10억 원 이하	42%	3,540만 원
10억 원 초과	45%	6,540만 원

자료: 금융감독원

다(3억÷(11-1)×1.2). 그렇기 때문에 연금을 많이 타서 쓰려면 연금저축 계좌총액이 클수록 좋겠죠?

연금을 수령하는 방법도 다양합니다. 매달 얼마씩 받겠다고 하는 정액수령, 주가 상황에 맞춰 비율을 정해서 받는 정률수령, 나머지는 내가 계좌에서 직접 매도해서 쓰겠다고 하는 자율수령 방법 등이 있습니다. 참고로 저는 필요한 만큼 직접 매도해서 연금으로 쓰는 방법을 계획하고 있습니다(자세한 수령 방법은 205

쪽을 참조하시길 바랍니다).

연금을 수령하는 데 있어 반드시 알아두어야 할 내용은 바로 사적연금으로 연 1,500만 원 이상 수령할 경우입니다. 현재 기준으로 국민연금, 사학연금 등의 공적연금을 제외하고 한 해에 받는 연금수령액이 1,500만 원을 넘지 않으면 저율의 연금소득세를 냅니다. 하지만 1년에 1,500만 원에서 천 원이라도 더 받으면 낮은 세율의 연금소득세가 아닌 소득에 따라 세율이 달라지는 종합소득세로 넘어가게 됩니다. 다른 소득과 전부 합산하여 실제 내야 할 세금을 다시 계산하기 때문에 기본적으로 연금소득세율보다 종합소득세율이 높습니다(이에 대해서는 6장 "연금투자의 또 다른 핵심, 세금"에서 자세히 알아보겠습니다).

참고로 1,500만 원이라는 한도는 국민연금과 퇴직연금, 사학연금 등을 제외한 금액입니다. 2013년에 연 1,200만 원으로 책정되고 이후 2023년에 1,500만 원으로 한도가 300만 원 늘었습니다. 하지만 여전히 사적연금 저율과세 연간 한도 1,500만 원으로는 넉넉한 생활이 불가능합니다. 그래서 앞으로도 현실경제수준을 반영하여 한도가 상향될 것으로 많은 전문가들이 예측하고 있습니다.

2

연금저축과 ETF, 왜 환상의 조합일까?

1장에서 노후 준비의 중요성과 연금저축 계좌의 강력한 혜택에 대해 알아보았습니다. 이번 장에서는 연금저축 투자 상품으로 왜 ETF가 적합한지, 그리고 수많은 ETF 중에서 왜 S&P500을 투자해야 하는지 자세히 알아보겠습니다.

왜 ETF로 투자해야 할까?

ETF(Exchange Trade Fund, 상장지수펀드)는 요즘 대세가 된 투자방법으로 투자자들이 개별 주식을 고르는 수고를 하지 않아도 되는 펀드 투자의 장점과, 언제든 시장에서 원하는 가격에 매매할 수 있는 주식투자의 장점을 모두 가지고 있는 투자상품입니다. 쉽게 이야기하자면 은행이나 증권사에서 가입하는 펀드를 주식시장에서 삼성전자 주식처럼 쉽게 거래할 수 있는 투자

종목으로 만든 것입니다.

미국 S&P500 ETF를 예로 들면 단돈 1만 원에 글로벌 빅테크기업인 애플, 마이크로소프트, 알파벳(구글), 아마존, 테슬라, 메타 플랫폼스(옛 페이스북) 등을 포함해 미국 대표기업 500개에 한 번에 투자할 수 있습니다. 이 기업의 주식을 1주씩만 사려 해도 최소 500만 원 이상의 투자금이 필요하지만 S&P500 ETF에 투자하면 만 원대의 금액으로도 투자가 가능합니다.

또한 ETF는 수수료가 저렴하다는 강점이 있습니다. 10년 이상 장기투자해야 하는 연금저축은 투자금액의 1% 이상을 수수료로 떼어가는 펀드보다 0.20% 내외의 ETF가 적합합니다. 수수료 1%면 크지 않다고 생각할 수 있지만, 절대 무시하면 안 됩니다. 장기 투자에 수수료가 미치는 영향에 대해서는 뒤에서 자세히 설명하겠습니다.

장기 투자에 ETF보다 더 좋은 상품이 있을까요?

ETF 투자는 주식시장 전체 또는 특정 산업의 미래에 베팅할 수 있기 때문에 개별종목 투자에 따른 리스크를 최소화해줍니다. 코스피200 ETF는 우리나라 대표지수인 코스피지수를 따라서 가격이 결정됩니다. 코스피200 ETF에 투자한다면 한국을 대표하는 기업들의 미래를 긍정적으로 생각하여 이에 투자한다는 의미입니다.

반도체가 4차 산업시대의 핵심이라고 생각한다면 대표 반도체기업인 엔비디아, 퀄컴, ASML, TSMC, 램리서치 등으로 구성된 반도체 ETF를 매수하면 됩니다. 명품산업이 장기적으로 성장할 것 같다면 프랑스 파리증권거래소 개장 시간에 맞춰 유로로 환전해 매수하는 대신 에르메스, 루이비통, 다임러 등 명품기업들로 구성된 럭셔리 ETF를 모아가면 됩니다.

주식투자를 하다 보면 크게 두 가지 위험이 따릅니다. '시장 위험'과 '개별종목 위험'입니다. 시장 위험은 전쟁이 터지거나 금리가 인상되는 등 주식시장 전체의 문제라 개인이 통제할 수 없습니다. 하지만 개별종목 위험은 내가 산 종목의 위험이므로 어떤 종목을 고르나에 따라 대박이 날 수도, 제로가 될 수도 있습니다. 시장 위험이야 피해갈 수 없지만 ETF를 선택했다면 여러 종목에 분산투자를 한 것이므로 개별종목 투자보다 훨씬 안전합니다. 한 시대를 호령한 수많은 기업들이 있었지만 오래 살아남은 기업이 많지 않습니다. 그렇게 잘나가던 '노키아'가 한순간에 무너질 줄 누가 알았을까요?

그래서 ETF로 투자한다면 기대수익률은 개별종목에 비해 떨어질 수는 있지만 심리적으로 안정감을 얻을 수 있기 때문에 주가변동성에서 버틸 수 있는 힘이 생깁니다. 특히 연금저축처럼 10년 이상 긴 여정으로 투자하는 경우 심리적 안정감이 정말 중요한 만큼 ETF 투자를 추천합니다.

또한 ETF 종목들의 1주당 가격이 우량주식과 비교하면 상대적으로 저렴하다는 것도 ETF 투자의 장점입니다. 또 소액으로 투자하며 산업 분야의 지식이나 경험을 넓힐 수도 있습니다. 국내 ETF 시장이 빠르게 성장하면서 좋은 ETF들의 상장이 늘고 있기 때문에 관심만 가진다면 마음에 드는 종목을 고르는 것이 그리 어렵지 않을 것입니다.

미국의 S&P 500 지수, 왜 강력할까?

그렇다면 많고 많은 ETF 중에서 왜 S&P500 ETF로 투자해야 할까요? 이에 대한 궁금증을 이제 풀어보겠습니다.

한 직장인이 지구상에서 주식으로 가장 성공한 워런 버핏에게 어떤 종목를 사는 것이 좋냐고 물었습니다. 그러자 그는 이렇게 말했습니다.

“돈은 S&P500에 묻어두고 일터로 돌아가 자기 일을 열심히 하라. 노동생산성을 높이고 그 임금을 S&P500에 투자하면 어렵지 않게 부자가 될 수 있다.”

버핏은 아내에게 자신이 죽은 후 재산 중 10%는 미국 단기국채에, 90%는 S&P500 인덱스펀드에 투자하라는 유언을 미리 남기기도 했습니다. 또한 워런 버핏은 주주들에게 보낸 2021년 연례서한에서 “미국의 하락에 베팅하지 말라(Never bet against America)”라고도 말했습니다.

S&P500지수는 국제 신용평가기관인 미국의 스탠더드앤드푸어스가 집계하는 주가지수입니다. 쉽게 얘기해서 미국의 대표 우량기업 500개를 선정한 것입니다. 미국의 대표 기술기업인 애플, 구글, 아마존, 테슬라뿐만 아니라 공업주, 운수주, 공공주, 금융주 등 다양한 섹터의 기업들이 편입돼 있습니다.

이게 무슨 대수냐 싶겠지만 호황과 불황을 반복하는 경제 사이클에서 각기 다른 500개의 기업이 힘을 발휘하는 과정을 보면 왜 워런 버핏이 S&P500지수를 콕 짚어 추천했는지 알 수 있습니다.

S&P500에는 당연히 애플이나 알파벳(구글), 아마존, 마이크로소프트 같은 미국의 대표 IT기술주가 포함돼 있고 이 기업들이 기술 혁신을 거듭하며 높은 수익률을 이끕니다.

2023년 이스라엘과 팔레스타인 전쟁으로 국제유가가 출렁일 때는 셰브론이나 엑손모빌 같은 석유주와 록히드마틴 같은 방산주가 오릅니다. 인플레이션이 가속화되면 코카콜라나 P&G 같은 소비주가, 미국 연준위가 금리 인상을 발표하여 돈의 가치가 오를 때는 JP모건, 뱅크오브아메리카 등을 포함한 금융주가 힘을 발휘합니다.

새로운 혁신으로 인프라 건설 붐이 일 때면 유니온퍼시픽 같은 산업주가, 부동산시장이 활황일 때는 리얼티인컴과 같은 부동산주가, 팬데믹 같은 상황이 벌어지면 존슨앤드존슨이나 화이자 같은 헬스케어 기업이 치고 올라와 수익률을 끌어줍니다.

한국인이 사랑하는 나스닥100은 기술주 중심이라 호황일 때는 주가가 치솟지만 그만큼 빠지는 폭도 상당합니다. 다우존스30지수는 우량기업 30곳만 추종하기 때문에 미국 산업 전반을 다룬다고 보기는 어렵습니다. S&P500에 투자한다는 것은 미국 그 자체에 투자한다고 보면 됩니다. 주식회사 미국에 말이죠.

앞으로도 미국을 이길 나라는, 글쎄요

사실 미국이 언제까지 성장할지는 아무도 예측할 수 없습니다. 하지만 세계 자본을 빨아들이는 기술과 혁신, 글로벌 정책 어젠다 등은 여전히 미국이 손에 쥐고 있고 그 힘은 갈수록 강력해지고 있습니다. 그러다 보니 미국을 제치고 세계 1등이 될 만한 나라도 보이지 않는 것도 현실입니다.

전 세계 각국에서 머리가 좋다고 하는 사람은 미국으로 유학을 가며, 돈을 벌었다 하는 사람들은 미국에서 자녀를 낳아 미국 시민 자격을 선물합니다. 미국의 아이비리그에 입학시키기 위해 값비싼 교육을 시키고 대저택을 구입해 성공을 과시합니다. 미국을 이기기 위해 중국의 영어 사교육을 강력하게 규제한 시진핑 주석도 자신의 딸은 미국 하버드로 유학을 보냈습니다.

이처럼 전 세계의 부와 인구, 인재들은 최종적으로 미국으로 흘러간다 해도 과언이 아닙니다. 세계에서 가장 강력한 기축통화인 달러를 찍어내며 세계 금융과 산업을 좌지우지하는 유일한 국가이기도 합니다.

이런 환경 속에서 우후죽순 나오는 미국의 혁신기업들은 세상을 변화시키고, 그 과정에서 미국의 영향력은 더욱 강력해지

표 | **국가별 주식시장 시가총액 순위**

순위	국가	시가총액
1	미국	52.6조 달러
2	중국	11.5조 달러
3	일본	6.5조 달러
4	인도	4.4조 달러
5	프랑스	3.2조 달러
6	영국	3.1조 달러
7	사우디아라비아	2.9조 달러
8	캐나다	2.6조 달러
9	독일	2.2조 달러
10	대만	2.0조 달러

출처: 다우존스 Indices, 2024년 2월 기준

는 선순환구조가 완성됩니다.

주식의 값어치인 주가는 그 기업의 가치를 나타냅니다. 개별 기업의 주가는 실적인 EPS(주당순이익)와 기대감인 PER의 곱으로 결정됩니다. 즉, 지금도 돈을 쓸어담고 있는 기업이면서 그 기업에 대한 미래기대감이 높을수록 주가는 상승하는 구조입니다. 그리고 이런 기업들을 예로 들면 애플, 마이크로소프트, 알파벳, 테슬라, 엔비디아, 나이키 등으로 대부분이 미국기업입니다.

이런 기업들이 가장 많이 탄생하고 성장할 수 있는 국가가 미국이기 때문에 미국을 대표하는 S&P500지수는 꾸준히 우상향할 것이라고 많은 전문가들이 입을 모읍니다. 미국을 대표하는 뉴욕증권거래소는 시가총액 기준 세계 1위 규모입니다(40.60% 이상). 기업가치로만 따져봐도 미국을 이길 국가가 없습니다.

또한 기업들의 주주 친화정책 역시 다른 국가와 차원이 다릅니다. 자사주 매입이나 소각(자사 주식을 없앰으로써 전체 주식 수가 줄어들어 주당 가치가 높아짐), 매년 인상되는 배당금 등 주주를 위한 정책이 경영의 밑바탕에 깔려 있기 때문에 미국 주식시장은 꾸준히 성장할 수밖에 없습니다.

어떤 S&P500 ETF가 좋을까?

S&P500에 투자하는 ETF를 매수하려고 검색하면 꽤 많은 상품이 나옵니다. 그렇다면 이 많은 ETF 중에서 어떤 ETF를 선택해야 할지 궁금하실 겁니다.

주당 가격이 높을수록 좋을까요? 아니면 거래 규모가 클수록 좋을까요? 좋은 ETF를 고르는 기준은 저마다 다르지만 제가 중요하게 생각하는 부분은 수수료(비용)입니다. 연금저축처럼

표 | **S&P500에 투자하는 대표적인 국내상장 ETF**

ETF 상품명	운용사	가격(원)	거래량	거래대금(백만)	운용보수(연)	시가총액
TIGER 미국S&P500	미래에셋자산운용	19,075	2,144,131	40,940	0.07%	3조 9,914억 원
KODEX 미국 S&P500TR	삼성자산운용	17,375	1,551,549	26,982	0.009%	1조 4,378억 원
ACE* 미국S&P500	한국투자신탁운용	19,090	593,430	11,457	0.070%	1조 1,513억 원
RISE** 미국S&P500	KB자산운용	16,465	142,885	2,378	0.021%	4,424억 원
SOL 미국 S&P500	신한자산운용	15,725	40,833	649	0.05%	937억 원

자료: 한국거래소, 2024년 7월 기준

● ACE는 한국투자신탁운용 KINDEX의 새 ETF 브랜드명.

●● RISE는 KB자산운용 KBSTAR의 새 ETF 브랜드명.

10~20년 이상 장기 투자해야 하는 계좌라면 ETF 수수료가 전체 수익에 미치는 영향이 상당하기 때문입니다.

그렇다면 수수료가 낮은 ETF는 어떻게 알 수 있을까요? 이를 알아보기 위해서는 먼저 국내상장 ETF 비용구조에 대한 이야기를 짚고 넘어가야 합니다.

ETF에 투자할 때 발생하는 수수료에는 두 가지 비용의 합, 즉 운용보수와 기타비용으로 구성됩니다(오른쪽 그림 참조). 참고로

그림 | **ETF 수수료의 구성**

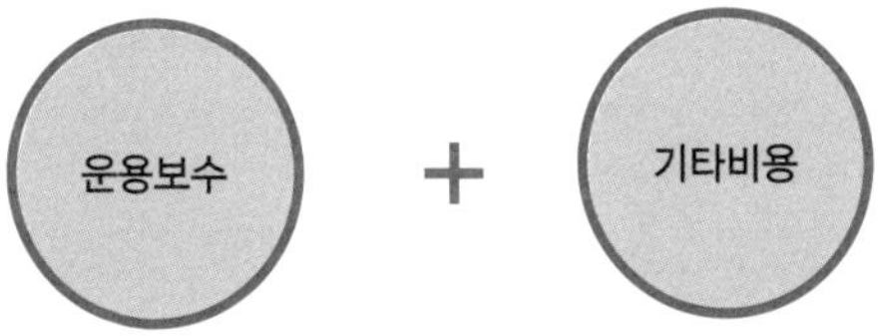

자산운용사에서 ETF를 관리해주는 비용, 총보수라고도 한다

주식 결제비용과 예탁비용 등 펀드를 운용하기 위해서 실제 필요한 비용

증권사마다 최저수수료라고 홍보하는 비용은 이 중에서 운용보수에 해당하는 것이고 기타비용은 별개입니다.

기타비용은 예탁 및 결제 비용 등 경상적이고 반복적으로 지출되는 비용으로서, ETF를 운용하는 비용은 어느 정도 확정적이기에 ETF 규모가 클수록 1주당 부담하는 비용이 내려가며 총비용 자체가 낮아지는 효과가 있습니다. 그래서 운용보수가 같다면 규모가 큰 ETF를 선택하는 것이 수수료 측면에서 대체로 유리합니다. 다음 장의 표에서 국내상장 S&P500 ETF들의 수수료를 비교해보면 상품별로 차이가 나는 것을 알 수 있습니다.

기타비용은 투자설명서를 통해서 확인이 가능합니다. 투자설명서를 다운받으면 첫째장에 있는 요약페이지에서 확인할 수

표 | 한국에 출시된 미국S&P500 ETF 상품의 투자 설명서 중 수수료

ETF 상품	투자자가 부담하는 수수료 및 총보수 (단위 %)				1,000만 원 투자 시 투자기간별 총비용 예시 (단위: 천 원)			
	판매수수료	총보수(운용보수)	기타비용	총보수·비용	1년	3년	5년	10년
Tiger 미국S&P500	-	0.070	0.007	0.140	14	45	78	174
Kodex 미국 S&P500 TR	-	0.0099	0.0699	0.0798	8	25	43	98
RISE 미국 S&P500	-	0.021	0.077	0.098	10	32	56	127
ACE 미국S&P500	-	0.070	0.066	0.136	14	44	77	174

자료: 금융투자협회, 2024년 7월 자료

- 총보수라고 쓰여 있는 운용보수와 실제 총비용은 다르다.
- 기타비용은 ETF를 운영하며 발생하는 비용으로 회계기간에 따라 달라진다.

있습니다. 증권사의 최저수수료라는 말만 믿고 덜컥 매수하면 동일한 지수를 추종하는 다른 ETF와 비교했을 때 투자수익률 차이가 발생할 수 있기에 수수료도 꼭 확인하는 습관을 길러야 합니다. 2년 전만 해도 증권사마다 기타비용이 달랐는데 최근 요율이 같아지고 있는 것도 새로운 사실입니다.

기타비용은 금융투자협회 전자공시서비스 홈페이지에서 ETF 실제 총비용을 확인할 수 있으며, 또는 자산운용사별 홈페

이지에서 해당 ETF 투자설명서를 열람하여 확인할 수 있습니다. 금융투자협회 자료는 매월 15일에 전월 말일을 기준으로 업데이트되고 자산운용사 홈페이지는 연 1회 업데이트되는 만큼 금융투자협회 사이트가 더 최신자료라고 할 수 있습니다.

금융투자협회 전자공시서비스 중
미국 S&P500 ETF 상품 검색 바로가기

참고로 기타비용의 특성상 얼마만큼의 비용이 발생할지 공식처럼 정해진 것이 아닙니다. 때문에 기타비용은 시간이 지나면서 변할 수 있습니다.

만약 총비용이 가장 저렴한 S&P500 ETF와 가장 비싼 S&P500 ETF의 차이가 0.3%p라고 한다면 실제 투자 시 수익에는 얼마나 영향을 줄까요? 4명의 투자자가 총비용이 각각 다른 S&P500 ETF를 매월 30만 원씩 30년간 투자했다고 가정해 보겠습니다.

수익률은 S&P500 ETF의 지난 50년간 연평균 수익률인 8%로 잡고 총비용이 가장 낮은 S&P500 ETF로 투자한 계좌는 30년 후 세전으로 총 4억 3,656만 원이 됩니다(다음 장 그래프 참고).

표 | 매달 30만 원을 30년간 투자 시 수수료에 따른 계좌 총자산 비교(단위: 원)

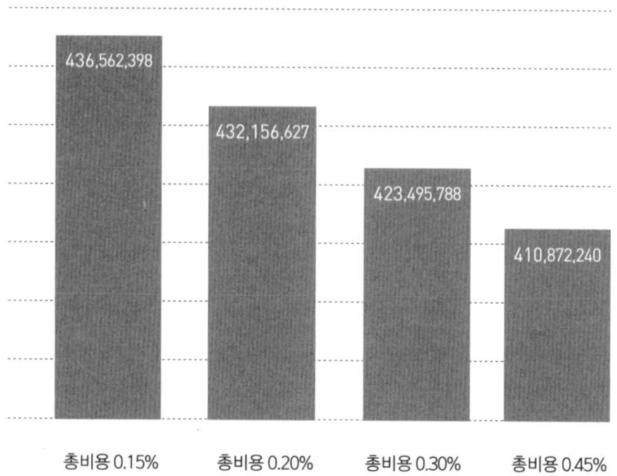

연평균 수익률 8%로 가정

반면 총비용이 0.45%로 가장 높은 S&P500 ETF에 투자한 계좌 총자산은 30년 후 4억 1,087만 원이 되었습니다. 한순간의 선택이, 그리고 수수료 고작 0.3%p가 2,569만 원의 차이를 만들어냅니다.

이처럼 비용도 복리로 불어납니다. 그렇기 때문에 ETF로 장기투자를 계획 중인 분들이라면 총비용이 가장 저렴한 ETF를 선택하는 것이 무엇보다 중요합니다.

다만 규모가 클수록 총비용이 저렴해질 가능성이 높기 때문에 시가총액 상위 ETF를 고르는 것이 대체로 합리적인 선택입니다. 사회의 양극화가 심해지는 것처럼 ETF업계도 쏠림 현상이 심해지고 있기 때문에 시간이 지날수록 더욱 많은 자금이 시가총액 상위 ETF들로 몰릴 것으로 보입니다. 시장을 선점한 자산운용사는 선순환 구조를, 빼앗긴 자산운용사는 악순환에 빠지는 것이죠.

S&P500 ETF에 투자하면 얼마나 불어날까?

S&P500 ETF에 투자해야겠다는 결심이 드셨나요? 그럼 월급날마다 연금저축 계좌에서 매달 30만 원씩 입금하고 S&P500 ETF에 투자한다고 가정해보겠습니다. 이렇게 30년을 투자한다면 예상금액은 총 4억 5,000만 원 정도 됩니다. 원금이 1억 800만 원이고 평가수익이 3억 4,209만 원이 됩니다. 네이버 적금계산기로 계산해보면 쉽게 알 수 있습니다.

생각보다 금액이 엄청나죠? 이렇게 평가금액이 커질 수 있는 이유는 주식투자에 관심 있는 분들이라면 한번쯤 들어봤을 '복리 효과' 덕분입니다. '눈덩이 효과(Snowball Effect)'라고도 합니

표 | 매달 30만 원씩 S&P500 ETF에 투자한다고 가정했을 때 예상금액

참고: 네이버계산기

다. 아인슈타인이 "복리는 세계 8대 불가사의"라고 이야기한 것과 주식의 전설인 워런 버핏의 자산 대부분이 65세 이후에 형성된 비결인 '복리의 마법'이 내 연금계좌에서 펼쳐지는 겁니다.

우리가 매월 투자해야 할 종목인 S&P500의 1957년부터 2021년까지 연평균 수익률은 평균 8.4%라고 합니다. 단순하게 이야기해서 S&P500 ETF에 투자하면 매년 8.4% 수익을 얻을 수 있다는 의미입니다.

물론 주식시장이 기계처럼 매년 8%씩 오르는 것이 아니라 닷

컴버블이나 서브프라임 모기지 사태를 만나 대폭락을 하기도 하고 2021~2022년처럼 엄청난 상승을 하기도 합니다. 이런 우여곡절을 전부 감안했을 때의 S&P500 연평균 수익률이 8%라는 것입니다.

인생은 멀리서 보면 희극이고 가까이서 보면 비극이라는 명언처럼 S&P500의 단기간 차트를 보면 위아래로 엄청나게 흔들리는 것 같지만 10년 이상의 기간으로 길게 보면 꾸준히 우상향하고 있습니다. 물론 기간을 언제로 설정하느냐에 따라 S&P500의 연평균 수익률은 13% 이상 되기도 하지만 너무 잘나갔던(?) 특정한 기간보다는 온갖 풍파를 다 겪은 60년 이상의 긴 시간 동안의 수익률을 기준으로 보는 것이 합리적입니다.

마법의 연금계좌, 소름돋는 포인트들

즉, 매월 30만 원씩 30년 동안 S&P500 ETF에 투자하면 8% 복리의 마법에 의해 계좌에는 4억 5천만 원이라는 돈이 쌓이게 됩니다(참고로 엑셀의 FV함수로도 계산할 수 있습니다). 월 30만 원씩 S&P500 ETF 투자만으로도 이렇게나 많은 돈이 모이는 것도 신기하지만 소름 돋는 포인트들이 두 가지 더 있습니다.

첫 번째 포인트는 가입 후 31년 후부터는 매월 264만 원씩 빼서 써도 계좌자산이 줄어들지 않는 경지에 오른다는 점입니다. 마르지 않는 노후자금 샘물이 되는 것이죠. 어떻게 그런 일이 가능할까요?

30년 후에 우리의 연금저축 계좌에는 4억 5천만 원이라는 돈이 있습니다. 그리고 이 계좌가 또다시 1년이 지나면 8% 수익이 발생할 것입니다. 그러면 4억 5천만 원의 8%에 해당하는 3,600만 원만큼 계좌는 불어나게 됩니다. 매달 30만 원씩 추가 투자를 하지 않아도 말이죠.

이렇게 발생한 3,600만 원의 수익을 12로 나누면 한 달에 쓸 수 있는 노후생활비를 계산할 수 있습니다. 대략 300만 원 정도인데요. 여기서 연금 계좌에서 인출할 때 발생하는 세금을 제외하면 실제로 매월 대략 264만 원을 노후생활비로 쓸 수 있는 것입니다.

참고로 세금 계산 방법은 기존에 우리가 알고 있던 연금소득세 5.5%가 아닌 종합소득세로 계산한 방식입니다(연금 외 기타소득이 없다는 가정). 2023년 과세 기준상, 연금저축과 개인형 IRP

등 사적연금 수령액이 연 1,500만 원이 넘으면 연금소득세가 아닌 종합소득세로 과세되기 때문입니다.

소름 돋는 두 번째 포인트는 연금저축의 세액공제 혜택입니다. 연봉에 따라 다르지만 연금저축 계좌에 매월 30만 원씩 연 360만 원을 입금했다면 1년마다 47만 5,200~59만 4,000원의 세금을 돌려받을 수 있습니다. 만약 세액공제 한도인 600만 원을 모두 채워 입금했다면 79만 2천 원~99만 원을 돌려받게 됩니다.

이렇게 30년 동안 세액공제로 돌려받는 세금만 해도 1,584~1,980만 원이나 되기 때문에 이 돈을 그대로 연금저축 계좌에 입금하여 추가 투자해도 되고, 연금저축 외 일반 계좌에서 투자하여 자산을 불려나가도 좋습니다.

이처럼 한 달 30만 원씩 30년 동안 S&P500 ETF에 투자해도 연금저축 계좌에 4억 5천만 원이 모여 월 264만 원(세후)씩 노후생활비로 사용할 수 있습니다. 국민연금이나 다른 자산들은 포함하지 않은 금액입니다.

이 정도면 매월 세계를 여행하거나 미슐랭 레스토랑에 가는 등 노후에 떵떵거리면서 살지는 못해도 "충분히 여유를 누리며 살 수 있겠다"는 자신감이 생길 것입니다. 시간으로 따지면 한 달에 2분, 금액으로는 한 달에 30만 원씩(납입액은 개인 상황에 맞춰 조절) 투자하면 되기 때문에 시간과 돈이 부족해서 연금 준비를 못 한다는 이야기는 할 수 없습니다.

이 책에는 한 달에 30만 원을 투자하는 것을 기본으로 하고 있습니다. 하지만 2023년부터 세액공제 한도가 600만 원으로 늘어난 만큼 매달 50만 원을 투자하는 것이 가장 효율이 좋습니다. 세금 혜택을 최대로 볼 수 있기 때문입니다. 하지만 보통 직장인들이 한 달에 연금으로만 50만 원씩 투자하기는 쉽지 않은 만큼 본인의 현금흐름과 재정 상황에 맞게 월투자금을 조절하길 바랍니다.

지금까지 월 30만 원으로 노후를 준비할 수 있는 이론과 왜 연금저축계좌와 S&P500 ETF가 노후 준비의 핵심인지 알아보았습니다. 이제 ETF에 관한 핵심 정보를 익힌 후 다음 장에서 본격적으로 연금투자 실전으로 들어가보겠습니다.

ETF 핵심 지식 완전 정복

ETF 상품을 검색하면 다양한 용어와 알파벳 약자가 앞뒤로 붙는 것을 볼 수 있습니다. 몇 가지 정보는 알 것 같지만 영어 약자 등이 중첩돼서 붙으면 어떤 상품을 매수하는 것이 좋을지 혼란스럽습니다. 이 장에서 ETF 이름에 붙는 다양한 정보들을 정확히 알아보겠습니다.

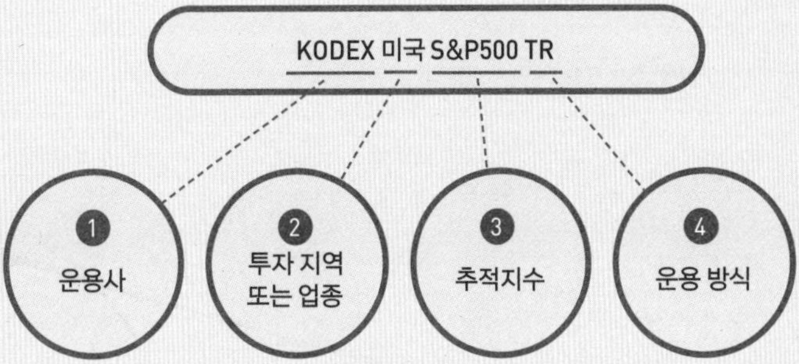

① ETF 운용사와 브랜드

한국의 ETF 시장이 폭발적으로 성장하면서 국내 상장지수펀드(ETF) 시장 내 자산운용사들의 차별화 경쟁이 치열해지고 있습니다. 2024년 1월 한국

표 | **한국의 ETF 운용사와 대표 브랜드**

운용사	ETF 브랜드명
삼성자산운용	KODEX
미래에셋자산운용	TIGER
KB자산운용	RISE
한국투자신탁운용	ACE
키움자산운용	KOSEF
한화자산운용	ARIRANG
신한자산운용	SOL
키움투자자산운용	KOSEF
NH아문디자산운용	HANARO
하나유비에스자산운용	KTOP
교보악사자산운용	파워
DB자산운용	마이티
메리츠자산운용	MASTER
마이다스에셋자산운용	마이다스
VI자산운용	FOCUS

거래소가 발표한 '2023년 ETF·상장지수증권(ETN) 시장 결산'에 따르면 한국 ETF 시장이 급성장하며 총자산총액(AUM)이 120조 원을 넘어섰다고 합니다. 위의 표는 한국의 대표적인 운용사가 보유한 ETF 브랜드입니다.

② 투자 지역 또는 업종

해외 증시에 투자하는 ETF는 투자지역명이 붙습니다(국내 증시에 투자하는 상품은 붙지 않음). 대표적으로 미국, 중국, 일본, 유럽, 베트남 등의 지역이 있으며 세계주식시장 전체(MSCI, ACWI 등) 또는 선진국, 신흥국, 이머징마켓, 프론티어 등 투자자의 성향에 맞는 다양한 ETF 상품이 출시돼 있습니다. 또는 코스피나 코스닥, 반도체, 철강소재, 전기차 같은 주제나 업종을 뜻하기도 합니다.

③ 추적지수 (Index)

다우지수, S&P500지수, 나스닥지수 같은 용어를 많이 들어보셨을 겁니다. 금융기업이 뉴욕증권거래소 또는 나스닥 등에 상장된 기업 중 30개, 또는 500개 기업을 뽑아 선별한 지수입니다. 쉽게 말하면 교보문고 베스트셀러, 예스24 베스트셀러, 독립서점 베스트셀러와 비슷하다고 보면 됩니다. 서점별로 베스트셀러에 선정된 책이 비슷한 듯하지만 서점의 성격에 따라 조금씩 다르듯, 각각의 지수 역시 특성에 맞는 기업을 선정하고 종합해 발표합니다. 미국의 주식 시장을 대표하는 3대 주가지수는 다우지수, 나스닥지수, S&P500이 있고 MSCI와 러셀2000도 중요한 지수로 손꼽힙니다.

1. 다우존스지수30

미국의 다우존스사가 산출하는 가장 오래된 주가지수로 미국의 초우량기업 30개를 표본으로 시장가격을 산출한 세계적인 주가지수입니다. 111년간 30개 종목 안에 속해 있던 미국의 전통적인 제조기업 GE가 퇴출되고 약국 체인으로 유명한 월그린부츠라는 기업이 편입돼 화제가 됐습니다. 현재 3M, AT&T, 애플, 보잉, 코카콜라, 디즈니, 엑손모빌, IBM, 나이키, MS 등 초우량기업이 선정돼 있습니다. 2020년에는 엑손모빌, 화이자, 레이시온 테크놀러지스가 빠지고 대신 세일즈포스닷컴, 암젠, 하니웰이 편입됐습니다. 다우존스 지수는 30개 기업만 선정하다 보니 표본종목의 수가 적고 편입 종목의 시가총액이 아닌 편입종목의 주가를 기준으로 계산하다 보니 시장 전체의 동향을 대변할 수 없다는 비판도 있습니다.

2. 나스닥100

세계 유수의 벤처기업들이 상장된 나스닥 종목 중 시가총액 및 거래량이 큰 100개 기업으로 이루어진 지수를 뜻합니다. 미국의 대표적인 IT·소프트웨어 기업인 애플, 마이크로소프트, 알파벳(구글), 테슬라, 메타 플랫폼스, 넷플릭스 등이 포함돼 있습니다. 나스닥 시장에는 기술주만 편입되어 있다고 생각할 수 있는데 펩시콜라와 게토레이 등을 생산하는 기업 펩시코나 스타벅스, 코스트코, 한국의 쿠팡도 나스닥에 상장했습니다. 그래서 나스닥 100 ETF를 매수하면 이들 기업에도 투자가 됩니다.

3. S&P500지수

국제신용평가기관인 스탠더드앤드푸어스사가 500개 종목의 우량기업을 선정해 발표하는 지수입니다. 500개 종목의 기업을 바탕으로 산출한 지수로, 30개 종목의 주식을 선정하는 다우존스지수보다 포괄적이기 때문에 시장 동향을 파악하기 용이하다는 평가를 받습니다. 애플, MS, 아마존, 알파벳(구글) 등 미국을 대표하는 기업들이 속한 공업주(400종목)를 비롯해 운수주(20종목), 공공주(40종목), 금융주(40종목)의 그룹별 지수가 포함돼 있어 사실상 미국 산업을 대표하는 지수라 불립니다.

4. MSCI지수

미국의 모건스탠리캐피털 인터내셔널사가 작성·발표하는 주가지수입니다. 미국계 펀드의 95% 정도가 이 지수를 기준으로 삼을 만큼 펀드 운용에 중요한 기준으로 활용되고 있습니다. MSCI지수는 선진국지수, 신흥시장지수, 프런티어시장지수 등으로 구성돼 있습니다.

5. 러셀2000지수

미국의 투자회사인 미국의 러셀 인베스트먼트에서 만들어낸 주가 지수로, 미국 증시 시가총액 상위 3,000개 기업 중 시가총액 하위 2,000개 중소형 기업으로 구성된 지수를 말합니다.

러셀 인베스트먼트에서 발표하는 지수 중에는 러셀3000지수가 있습니다. 이는 상위 3,000개 기업에 대한 지수를 말하는 것인데요. 이중 상위 1,000개 기업을 제외하고, 1001등부터 3000등까지의 기업을 지수로 나타낸 것이 러셀 2000지수입니다. 경기에 민감한 중소형주로 구성되다 보니 미국의 실물 경제의 건전성과 중단기 전망을 가늠할 수 있어서 '미국 경기의 바로미터'라고도 불립니다.

④ 운용방식

ETF 상품을 검색하다 보면 운용사의 ETF 브랜드명으로 시작되어 상품 정보 뒤에 선물이나 레버리지 또는 영어 약자가 덧붙습니다. 다음의 내용을 바탕으로 어떤 상품인지 파악하고 매수하시길 바랍니다. 공통점은 운용사가 개입해 제공하는 서비스가 많아질수록 수수료도 높아진다는 점입니다.

1. 분배금까지 알아서 재투자하는 시스템 _TR

TR은 '토탈 리턴(Total Return)'의 약자로 ETF 가입 시 배당금 형식으로 나오는 분배금을 자동으로 재투자하는 상품을 의미합니다. 연금저축 같이 장기간 투자하는 상품에 적합합니다. 왜 그럴까요?

Tiger 미국S&P500 ETF가 2021년에 지급한 분배금은 주당 110원입니다. 분기로 따지면 약 25원 정도인데요. 투자금이 700만 원 정도가 되어야 분기별로 분배금을 받아도 TIGER 미국S&P500을 1주 재투자할 수 있습니다. 이처럼 애매하게 돈이 남아 신경쓰인다면 TR ETF가 좋습니다. TR ETF에 투자하면 배당금을 지급하지 않고 자동으로 재투자하기 때문이죠. 분배금으로 복리 효과를 누리고 싶지만 일일이 계좌를 열어 재투자하는 것은 귀찮은 분들께 추천합니다.

다만 저는 연금을 수령할 때 ETF의 분배금만으로 일정 생활비를 충당할 계획이기 때문에 TR ETF보다는 일반 S&P500 ETF에 투자하고 있습니다.

2. 금이나 원유 등에 투자한다면 _현물 또는 선물

해외에는 운용사가 직접 금이나 원자재를 사서 보유하는 현물(또는 실물)

ETF가 여럿 있습니다. 한국에도 'Tiger 구리실물'이라는 현물 거래 상품이 있습니다. 구리를 현물로 보관하는 창고 증권에 투자하는 형식입니다. 구리 실물을 98% 보유하며 결제의 용이성 및 각종 비용 및 보수 지급 등을 위해 자산의 일부를 현금으로 보유합니다.

이와 반대로 선물(先物)은 현물의 반대 개념으로 장래의 일정한 시기에 현품을 받을 조건으로 매매 계약을 맺는 거래종목을 의미합니다. 운용사가 현물을 직접 사서 사고파는 것은 쉽지 않으므로 전통적으로 석유나 구리, 곡물, 금처럼 원자재 상품을 취급할 때 대부분 선물 제도를 활용해 거래하며 일반 주식도 선물로 다룹니다. 원유나 금은 실제 관리하기 어려울 수 있다 쳐도 주식도 왜 선물로 거래할까요?

규정상 운용할 때 거래 규모의 10%만 담아도 되기 때문에 운용이 쉽다는 장점과 남은 비용으로 재투자도 할 수 있어 운용사 측면에서는 이익이 크기 때문입니다. 하지만 위기 상황에서 문제가 생겼을 때 현물을 회수하기 어려울 수 있어 퇴직연금 계좌(IRP)에서는 거래가 불가능합니다.(연금저축에서는 선물ETF 거래가능.)

3. 운용사의 외주 _합성

운용사가 ETF를 직접 운용하기 어려울 때 다른 증권사에게 운용을 의뢰해 기초자산만큼 수익을 내도록 계약을 맺은 파생상품입니다. 원래 기본 수수료도 있는 데다 타 증권사에 수수료를 주고 의뢰해 간접적으로 운용하는 만큼 높게는 2%까지 합성수수료가 발생하기도 합니다.

4. 환율 변동이 신경쓰인다면_H

'위험 회피' 또는 '위험 분산'이라는 의미를 지닌 '헤지(Hedged)'의 약자입니다. 해외 투자를 하면 환율도 수익률에 큰 영향을 미칩니다. 미국 주식을 샀는데 달러 환율이 떨어지면 주가는 가만히 있어도 손실인 것처럼 말이죠. H가 붙은 ETF는 환율의 등락과는 상관없이 오직 지수의 등락폭만큼 수익을 내는 상품입니다. (반대로 'UH'는 언헤지라는 의미로 환노출 상품입니다.)

미국 투자의 경우 많은 투자자들이 환노출을 선호하는 편입니다. 아무래도 달러 환율은 위기 상황에서 가치가 상승하는 통화이기 때문에, 미국 주식 하락에 의한 손실분을 달러 환율 상승으로 어느 정도 만회할 수 있기 때문입니다. 실제로 우리가 연금을 수령할 당시 운 좋게 주식시장이 호황일 수도 있지만, 반대로 불황일 수도 있습니다. 그 경우 환헤지된 ETF보다 환노출(달러 환율에 영향을 받는) ETF가 더 손실폭을 줄일 수 있습니다.

5. 이 수익으로는 성에 안 찬다면_레버리지와 인버스

레버리지는 주가 상승에 베팅하는 상품으로 지수가 하루 1% 상승하면 레버리지 ETF 수익률이 약 2% 상승하는 구조입니다. 반대로 인버스는 지수가 1% 하락하면 1%의 수익을 올리는 상품입니다. '곱버스'는 인버스 가격 변동폭의 2배, 즉 곱하기로 움직이는 상품을 말하며 '×2'로 표시하기도 합니다. 레버리지와 인버스 상품은 1배 동일지수 ETF에 비해 수수료가 높은 편이며 변동성도 매우 크기 때문에 현재 제도상 연금저축과 IRP에서 매수가 불가능합니다.

6. 생애 주기에 따라 자산배분을 하는 ETF_ TRF

'타깃 리스크 펀드(Target Risk Fund)'의 약자로 투자자의 위험 성향에 따라 주식과 채권 비중을 조절해 효율적인 자산배분 포트폴리오를 제공하는 상품입니다. 요즘 유행하는 펀드 상품인 TDF(Target Date Fund)의 ETF 버전이라고 생각하면 좋습니다. 투자자에 맞는 자산배분을 직접 선택할 수 있어 장기간 투자에 유연하게 대응할 수 있습니다.

상품명에 포함된 네 자리 숫자 중 앞 두 자리는 선진국 주식 비중을, 뒤 두 자리는 채권 비중을 뜻합니다. 가령 KODEX TRF3070 ETF 상품의 경우 선진국 주식에 30%, 국내 채권에 70%를 투자한다는 뜻입니다.

7. 시가총액 가중방식 vs 동일가중방식

시가총액 가중방식은 시가총액이 높은 기업에 투자 비중을 높이는 방식으로, 가령 초우량기업인 애플이나 MS에는 10%의 비중을, 하위기업은 0.5% 비중으로 투자합니다. 우량한 대형 기업 중심으로 투자가 가능하지만 일부 대형주의 등락에 전체 지수가 휘둘린다는 단점도 있습니다.

동일가중방식은 시가총액에 관계 없이 모든 자산의 비중을 일정하게 유지합니다. 나스닥100지수를 추종하는 동일가중방식의 ETF를 선택해 100만 원을 투자했다면 100개 기업에 1만 원씩 고르게 투자하는 방식입니다. ETF에 속한 기업들에 고르게 투자할 수 있다는 장점이 있지만, 일부 기업의 주가변동에 ETF 가격 자체가 영향을 받을 수 있다는 단점도 있습니다. KODEX 미국 FANG플러스(H)가 대표적인 동일가중방식 ETF입니다.

3

매달 30만 원으로 시작하는 투자 세팅법

지금까지는 월 30만 원 투자로 죽을 때까지 매달 264만 원의 연금을 받을 수 있는 연금저축 상품과 그렇게 될 수 있는 원리에 대해서 알아봤습니다. 이제부터는 본격적으로 노후 준비를 위한 A to Z를 차근차근 설명해보겠습니다. 이 책의 내용대로만 따라 하면 충분합니다.

어떤 증권사 연금저축 계좌가 좋을까?

월 30만 원으로 죽을 때까지 연금을 받기 위해서는 자유롭게 ETF를 사고팔 수 있는 증권사 연금저축 계좌가 필수입니다.

그렇다면 '어떤 증권사의 연금저축 계좌를 개설하는 게 좋을까' 궁금하실 겁니다. 어떤 증권사에서 연금저축 계좌를 개설하든 투자할 수 있는 상품은 동일하기 때문에 아무 증권사에서 만

들어도 상관없다고 생각할 수 있지만 그렇지 않습니다.

연금 수익률에 직결되는 사항이 있는 만큼 우리가 살펴봐야 할 기준은 크게 세 가지입니다. 중요도순으로 보자면 다음과 같습니다.

연금저축 계좌를 개설할 증권사 선정 기준

1. ETF 거래비용(증권사 수수료)이 적은가
2. 연금을 수령하며 계좌에 남은 돈으로 계속 투자가 가능한가
3. 신규 계좌 개설 이벤트 혜택이 좋은가

그럼 한 가지씩 차례대로 설명을 하면서 기준 선정 이유와 증권사별로 비교해보겠습니다.

증권사 선정기준1 : 거래수수료가 낮은 곳인가

재테크가 복잡하고 어려워 보이지만 본질은 단순합니다. 나

표 | **주요 증권사별 주식 거래수수료**

증권사	거래수수료	비고
삼성증권	0.497%	50만 원 미만
미래에셋증권	0.140%	
한국투자증권	0.497%	2억 원 미만
키움증권	0.015%	
신한금융투자	0.190%	
NH투자증권	0.499%	50만 원 미만

• 2024년 3월 기준, 계좌 비대면개설 및 ETF 온라인거래 기준
• 거래수수료는 증권사 정책에 따라 달라짐

가는 비용은 줄이고 투자수익률은 높이는 것입니다. 여기서 우리가 집중해야 하는 요소는 비용입니다.

물론 비용도 낮추면서 투자수익률도 끌어올리는 것이 가장 베스트이지만 주식투자 수익률은 투자자가 아무리 노력한다고 해도 100% 수익을 장담할 수 없습니다. 아무리 좋은 기업이라도 시장 상황이 안 좋으면 주가는 상승하지 않는 것처럼요. 투자 대가인 워런 버핏이나 피터 린치도 주가 예측은 할 수 없다고 한 것처럼 어떻게 보면 신의 영역이기 때문에 저 또한 단기적인 주가 예측은 처음부터 신경 쓰지 않습니다.

반면 ETF를 사고팔 때마다 내야 하는 거래수수료 등의 비용은 본인의 노력에 의해 확정적으로 줄일 수 있습니다. 그래서 우선 나가는 비용부터 최대로 줄여놓고 이후에 투자수익률을 높이는 방법을 집중적으로 고민하면 됩니다.

연금저축계좌에 ETF로 투자할 때 발생하는 수수료에는 크게 두 가지가 있습니다. 앞에서 설명한 ETF 자체에 발생하는 수수료(운용보수+기타비용)와, 해당 증권사에 지불하는 '거래수수료'입니다. 거래수수료는 증권사의 상품 거래와 앱 등의 증권거래 시스템을 이용하는 데 지불하는 비용을 의미합니다. 앞에서 언급한 ETF의 운용보수는 어떤 증권사를 선택하는 것과는 상관없이 해당 종목에 투자하면 무조건 발생하는 비용으로 거래수수료와는 별도입니다.

증권사 선정기준2: 연금 개시 후에도 투자가 가능한가

한때 연금투자하시는 분들 사이에 논쟁이 되었던 사항으로 만 55세 이후 연금수령을 시작하면 투자를 더이상 이어갈 수 없다는 소문이 퍼진 적이 있습니다. 즉, 연금을 수령하면 계좌에 있는 돈이 전부 현금화되기 때문에 연금저축에 투자하면 안 된다는 주장이 힘을 받았습니다.

이에 많은 투자자들이 증권사에 문의한 결과, 현재는 연금수령을 시작한 이후에도 지속적으로 ETF 투자가 가능하다는 답변을 받았습니다. 다만 모든 증권사가 가능한 것은 아닙니다. 그러다 보니 "내가 투자한 증권사도 안 되는 것 아닌가" 하고 걱정하시는 분들이 계실 겁니다. 그러나 걱정하실 필요는 없습니다. 연금계좌 이전 신청을 통해 언제든지 증권사를 변경할 수 있기 때문입니다.

참고로 연금저축의 증권사 이전 신청 방법은 정말 간단합니다. 옮길 증권사에 연금저축 계좌를 개설하고 기존 증권사에서 이전 신청을 하면 끝입니다.

또한 연금저축 계좌는 금융사별로 중복으로 개설할 수 있습니다. 이미 연금계좌를 가지고 있다고 해서 추가 계좌 개설이 안 되는 것이 아니기 때문에 걱정하실 필요 없습니다. 그리고 기존에 은행이나 보험사에서 연금저축보험이나 연금저축신탁을 가입했다면 해지하지 않고도 '계약 이전' 제도를 통해 증권사로 이동이 가능합니다.

증권사 선정기준3 : 이벤트 혜택도 받으면 좋지요

ETF 거래수수료는 증권사마다 홈페이지를 방문해서 직접 확인해봐야 합니다(포털에서 '증권사명 + 거래수수료'를 검색하면 확인 가능). 또 증권사별로 신규 고객 확보를 위해 매월 ETF 거래수수료 이벤트 혜택을 제공하기 때문에 언제 계좌를 개설하느냐에 따라 이 혜택이 달라집니다.

이벤트를 하지 않는다는 가정 하에, 대부분의 증권사 ETF 거래수수료는 0.1% 수준으로 애초에 크지는 않습니다. 하지만 가랑비에 옷 젖는다는 속담처럼 거래수수료가 얼마 되지 않는다고 무시하면 절대 안 됩니다. 투자금이 적을 때는 큰 차이가 없겠지만 우리는 나중에 연금으로 여유롭게 생활하는 부자가 될 것이기 때문에 거래수수료는 조금이라도 낮춰두는 것이 유리합니다.

간단한 비교로 이벤트 혜택을 받은 A증권사의 거래수수료는 0.0042%이고, 아예 혜택이 없는 B증권사는 0.01939%입니다. 각각 1억 원씩 ETF를 거래했을 때의 ETF거래수수료는 A증권사 4,209원 / B증권사 193,942원으로 거의 19만 원 차이가 납니다. 19만 원이면 스타벅스에서 아메리카노를 40번 넘게 마실 수 있는 돈입니다.

1억은 단위가 너무 크니 매달 입금하는 30만 원을 기준으로 증권사별 수수료도 비교해봤습니다. 이 경우 거래수수료는 A증권사 15원, B증권사 679원입니다. “매달 600원밖에 안 되네?” 라고 생각할 수 있지만 미국 배당주 투자자들에게 인기가 높은 리얼티인컴(티커 O)의 1주당 월 배당금이 세전 340원(0.263달러) 정도입니다. 즉, 어떤 증권사를 결정하느냐에 따라서 거래수수료만으로 매달 리얼티인컴 2주에 해당하는 배당금을 그냥 날릴 수도 있다는 얘기입니다(리얼티인컴 1주당 가격은 약 53달러, 2024년 7월 기준).

이처럼 거래수수료만 낮은 증권사로 세팅해놔도 똑같은 ETF에 투자하는 다른 사람들보다 이익을 볼 수 있기 때문에 반드시 증권사별 비교를 해보시기 바랍니다. 대부분 신규 계좌 개설 고객들에게 ETF 거래수수료 혜택을 많이 제공하기 때문에 아직 연금저축 계좌가 없거나 새롭게 투자를 계획하시는 분들이라면 이번 기회에 새로운 증권사에서 좋은 대접(?)을 받으면서 계좌를 개설하는 것도 좋은 방법입니다.

요즘 많은 증권사들이 신규 고객들을 대상으로 ‘거래수수료 무료혜택’을 주고 있는데 이는 증권사의 거래수수료에만 해당합니다. 유관기관 수수료는 그대로 발생하기 때문에 엄밀히 따지자면 무료는 아닙니다.

연금 투자 전 꼭 필요한 마음가짐

피터 린치가 말한 것처럼 부동산에서 돈을 벌고 주식에서 돈을 잃는 이유는 단순합니다. 집을 결정하는 데는 여러 번 방문하고 몇 달을 고민하지만 주식 종목 선정은 몇 분 만에 끝내기 때문입니다. 그리고 잘 모르는 종목을 주변에서 좋다는 말만 듣고 투자합니다. 왜 좋은지 정확히 모르기 때문에 주가가 오르면 오르는 대로 무서워서 팔고, 주가가 떨어지기 시작하면 더 떨어질 것 같아 팔아버립니다.

이 모든 현상이 투자하는 종목에 대한 확신과 이해가 없이 투자하기 때문에 벌어지는 일입니다. 이처럼 주식시장은 확신을 요구하고 확신이 없는 사람들은 희생되는 곳입니다.

실제로 저는 2019년부터 주변 지인들을 만날 때마다 "연금저축에 매달 30만 원씩 S&P500 ETF에만 투자하면 노후 준비는 끝납니다. 꼭 하세요"라고 얘기했습니다. 하지만 일단 투자를 시작한 사람도 얼마 없을 뿐만 아니라 그냥 제가 하라고 해서 시작한 사람들도 중간중간 큰 폭으로 하락한 주가로 인해 투자를 멈춘 분들이 대부분입니다.

2020년 3월, 팬데믹으로 인해 주가가 대폭락할 때 더 떨어질 것을 걱정하여 투자 중인 S&P500 ETF를 전부 팔아치운 분부터 팔지는 않았지만 추가 투자는 중단한 분까지, 케이스는 다양했습니다. 그리고 그들은 1년 후 S&P500이 전고점을 돌파하자 다시 월 적립투자를 시작했습니다. "그때 팔지 말걸", "그때 더 살걸" 후회하면서 말이죠.

이런 일이 발생하는 가장 큰 이유가 투자에 대한 '확신'이 없기 때문입니다. 그래서 연금투자를 시작하기에 앞서 이 투자방법에 대한 확신을 얻는 작업이 반드시 선행되어야 하는데요, 이를 위해서는 앞으로 소개할 투자의 3요소를 먼저 이해해야 합니다.

내 노후자산을 확정짓는 3가지 요소

와인을 좋아하는 분들이라면 와인의 맛을 결정하는 3가지 요소를 잘 아실 겁니다. 바로 포도의 종류, 포도의 생산지와 생산

년도, 그리고 양조 기술입니다. 이 세 가지 요소가 잘 어우러졌을 때 좋은 와인이 탄생하는 것처럼 성공적인 연금투자를 결정하는 3가지 요소가 있습니다. 투자금의 규모, 투자수익률인 효율, 투자 기간인 시간입니다.

당연한 이야기지만 전부 다 동일한 조건이라면 투자금의 규모가 커질수록 수익은 늘어납니다. 5천만 원을 투자한 사람이 10%를 벌었다고 하면 500만 원인데, 1억 원을 투자한 사람이 10%를 벌었으면 1,000만 원입니다.

마찬가지로 투자수익률인 효율이 5%에서 10%로 올라가면 투자수익은 커집니다. 같은 1억을 투자하더라도 연 수익률이 5%이면 500만 원을 벌지만, 수익률이 10%이면 1,000만 원을 법니다.

마지막 변수인 시간 역시 길수록 유리합니다. 1억을 투자해서 연평균 수익률 5%로 5년 투자하면 대략 2,763만 원 정도의 수익이 발생합니다. 동일한 조건으로 투자기간만 10년으로 늘리면 수익은 6,289만 원으로 크게 늘어납니다.

이처럼 연금투자뿐 아니라 어떤 투자를 하더라도 3가지 변수의 조합에 의해 수익이 결정됩니다. 그렇다면 우리가 해야 할 일은 단순합니다. 3가지 변수 중에서 가장 효율이 좋은(수익에 영향을 많이 주는) 변수를 찾고 이를 통해 투자 우선순위를 결정하면 됩니다. 그리고 이를 바탕으로 우리가 할 수 있는 최상의 투자방법을 적용하면 됩니다.

그럼 3가지 변수 중에서 가장 효율이 좋은 변수는 무엇일까요? 많은 분들이 복리의 핵심으로 '시간'을 뽑습니다. 워런 버핏을 비롯해 수많은 부자들이 복리의 효과를 제대로 누리기 위해 장기투자를 강조하는 이유가 그 때문입니다. 워런 버핏이 가장 후회하는 것이 "5살 때부터 투자하지 않은 것"이라고 합니다. 참고로 그는 11살에 주식투자를 시작했습니다.

이처럼 하루라도 더 빨리, 그리고 길게 투자할수록 복리 효과는 강력해집니다. 그러면 투자 규모, 효율, 시간, 이 3가지 중 가장 중요한 변수는 무엇일까요?

우선 투자원금인 규모부터 살펴보겠습니다(다음 장 표 ① 참조). 효율과 시간을 단순하게 각각 10%와 30년으로 고정하고 투자금인 규모만 변한다고 가정해보겠습니다. 1억 원을 30년 동안 연평균 수익률 10%로 투자한다면 총자산은 17억 원이 넘습니다. 엄청나죠? 투자금을 2배 늘린 2억을 동일하게 투자한다면 30년 후 총자산은 35억 가까이 됩니다. '규모'는 나머지 변수가

표 | ① 투자금의 규모에 따른 수익의 변화

규모	연 수익률	투자기간(년)	계좌수익(원)	변수증감률	총자산증감률
1억 원	10%	30	1,744,940,227	-	-
1억 5,000	10%	30	2,617,410,340	50%	50%
2억	10%	30	3,489,880,454	100%	100%
2억 5,000	10%	30	4,362,350,567	150%	150%

고정되어 있다면 투자금을 늘리는 만큼 총자산도 늘어나는 매우 단순한 구조입니다.

다음은 시간을 살펴보겠습니다(표 ② 참조). 투자 규모는 1억, 연평균 수익률을 10%로 고정하고 투자 기간만 늘어난다고 가정해보겠습니다. 30년 동안 투자하면 마찬가지로 17억 원이 됩니다. 근데 시간 변수를 두 배로 늘려 60년 동안 투자한다고 가정하면 총자산은 무려 304억이 넘습니다. 변수는 2배 증가했을 뿐인데 총자산은 무려 17배 넘게 불어난 것이죠.

그리고 킬링포인트는 시간이 지날수록 1년마다 증가하는 자산이 엄청나다는 점입니다(표 ③ 참조). 59년에서 60년으로 넘어가면 1년 만에 자산이 27억 원 넘는 돈이 늘어납니다. 큰 눈덩이에 더 많은 눈이 붙는 스노볼 효과입니다. 이렇기 때문에 다들

표 | ② 투자 기간에 따른 수익의 변화

규모	연 수익률	투자기간(년)	계좌수익(원)	변수증감률	총자산증감률
1억 원	10%	30	1,744,940,227	-	-
1억 원	10%	45	7,289,048,369	50%	318%
1억 원	10%	60	30,448,163,954	100%	1,645%
1억 원	10%	75	127,189,537,140	150%	7,189%

표 | ③ 수령 시기를 1년씩 늦출 때 수익의 차이

규모	연 수익률	투자기간(년)	계좌수익(원)	차이
1억 원	10%	59	27,680,149,049	-
1억 원	10%	60	30,448,163,954	2,768,014,905
1억 원	10%	61	33,492,980,350	3,044,816,395
1억 원	10%	62	36,842,278,385	3,349,298,035

복리를 언급할 때 시간의 중요성을 강조합니다. 워런 버핏이 왜 주식투자를 다섯 살 때 시작하지 못한 것을 후회하는지 오른쪽 두 번째 표의 총자산증감률을 보면 확실히 느끼실 겁니다.

마지막으로 투자수익률인 '효율'을 살펴보겠습니다(다음 장 표 ④ 참조). 투자 규모와 투자기간이 모두 동일하다는 가정 하에 연평균 투자수익률만 증가시켜봤습니다. 연평균 투자수익률을 두

표 | ④ 수익률에 따른 수익의 변화

규모	연 수익률	투자기간(년)	계좌수익(원)	총자산 증감율
1억원	10%	30	1,744,940,227	-
1억원	15%	30	6,621,177,196	279%
1억원	20%	30	23,737,631,380	1260%
1억원	15%	30	80,779,356,695	4529%

배 올린 20%가 된다면 30년 후 총자산은 237억 원이 넘게 됩니다. 수익률 10% 대비 무려 13배가 넘게 증가한 것이죠.

즉, 많은 사람들이 강조한 것처럼 변수증감률 대비 총자산 증감률이 큰 순서대로 나열하면 ① 시간 ② 효율 ③ 규모입니다. 그래서 연금 준비를 하기 위해서는 가장 먼저, 최대한 오래 투자할 수 있는 환경을 구축하는 것이 1번, 그 다음으로는 연평균 투자수익률을 높일 수 있는 투자방법을 공부하고 실행하는 것이 2번, 마지막으로 투자금을 어느 정도 투입하는 것이 좋을지 계산해보는 것이 3번입니다.

참고로 3번인 규모의 경우 시간, 효율과는 다르게 투자자의 통제가 가능한 변수입니다. 그래서 본인에게 필요한 노후생활비를 기준으로 현재 월 투자금이 부족하다면 적은대로 꾸준히,

또는 절약이나 부업 등을 통해 규모를 늘릴 수 있습니다. 저는 월 30만 원을 투자하고 있지만 각자의 라이프스타일이나 생활비에 따라 필요한 노후자금이 다를 것입니다. 다만 월 30만 원을 투자하면 충분히 대한민국 평균의 노년 라이프를 보낼 수 있다는 사실을 기억하시면 됩니다.

그런데 문제는 시간이 부족하다

앞에서 설명한 사례를 바탕으로 어느 정도 자산이 모인 상태라면 투자기간(시간)을 늘릴수록 계좌가 더욱 크게 불어난다는 사실을 알게 되었습니다. 하지만 한 가지 문제가 있습니다. 우리에게는 노후 준비를 위한 시간이 별로 없다는 점입니다.

연금과 노후 준비에 본격적으로 관심을 보이는 시점이 빠르면 30대이고 대부분은 40~50대부터 고민하고 준비하기 시작합니다. 그러다 보니 아무리 100세시대를 넘어 120세 시대가 온다고 하지만 50년, 60년 동안 투자를 유지하기가 쉽지 않습니다. 시간적 여유가 있는 20~30대 분들이라면 연금수령까지 30년 이상 장기투자가 가능하겠지만 40~50대 분들에게 쉽지 않기 때문입니다.

우리나라의 노인 빈곤율을 고려했을 때, 많은 분들의 노후 준비는 빈약한 상황입니다. 게다가 요즘은 40대만 돼도 회사에서 무언의 압박(?)을 주는 세상입니다. 그래서 연금저축에 투자하시는 분들은 대부분 연금수령 개시가 가능한 만 55세부터 이용할 계획을 가지고 있는 만큼 가장 중요한 '시간'이라는 변수를 늘리기란 더욱 어렵습니다.

"3년, 5년만 일찍 시작했으면…" 하고 생각하지만 이미 지나간 시간은 되돌이킬 수 없습니다. 내가 컨트롤할 수 없는 변수이기 때문에 우리는 다음 우선순위 변수, 즉 시간 다음으로 우선순위 변수인 효율(투자수익률)에 집중해야 합니다. 하지만 아쉽게도 효율 역시 우리가 뜻대로 계획하기 어려운 부분입니다. 많은 개인투자자들이 돈을 벌기 위해 주식투자를 하지만 대다수가 잃는 것을 보면 쉽게 이해가 가실 겁니다.

결국 핵심은 효율, S&P500 ETF

그렇다면 답이 없는 것 아닌가?라고 생각할 수 있습니다. 하지만 '효율' 변수를 어느 정도 상수화할 수 있는 방법이 있습니다. 서론에서부터 계속 이야기한 것처럼 "S&P500 ETF를 매월 기계처럼 매수"하면 됩니다. 연금 수령을 시작하기 전까지 매도 없이 눈이 오나 비가 오나, 시장이 상승하거나 폭락하거나 모아가기만 하면 됩니다. 팔지 않고 말이죠.

그 이유는 너무나도 간단합니다. 다른 투자 종목들은 대부분 S&P500 수익률을 이기지 못하기 때문입니다. 많은 투자자들이 시장지수를 만만하게 보지만 다들 연말에 항상 하는 후회가 "그냥 시장지수 ETF나 투자할걸"입니다.

일부 투자자들의 경우, 특정 섹터나 종목 간 돈의 흐름을 기가 막히게 파악하고 투자하여 연평균 50% 이상의 수익률을 달성하기도 하지만 이는 정말 극소수입니다. 만약 본인이 이에 해당한다면 지금까지 해왔던 것처럼 앞으로도 그렇게 투자하시면 됩니다. 하지만 서대리를 포함한 대다수의 직장인 투자자들에게 이런 엄청난 수익률을 올리기란 절대 쉽지 않습니다. 시기에 맞게 돈이 몰릴 것 같은 종목이나 섹터를 선정하고 투자해보신 분들이라면 많이들 느끼실 겁니다. 왜 내가 사면 주가가 떨어지고, 내가 팔면 주가가 오르는지 말이죠.

실제로 한 대형 증권사에서 발표한 개인투자자들의 2021년

수익률 평균 통계자료를 살펴보면 국내주식 수익률은 0.43%, 해외주식은 1.52%라고 합니다. 같은 기간 코스피가 3.6%, S&P500이 26.9% 오른 것을 감안했을 때 개인투자자 중에서 시장을 이기는 사람은 정말 극소수라는 것을 알 수 있습니다. 2021년만 그런 것이 아니라 기사를 찾아보시면 매년 그렇습니다. 그런데 한 가지 놀라운 사실은 한국의 개인투자자들뿐 아니라 월가에서도 억 단위 연봉을 받는 펀드매니저들의 액티브 펀드 중 80%가 S&P500 수익률을 이기지 못했다는 점입니다. 그리고 이 현상도 매년 반복됩니다.

이처럼 S&P500 ETF만 사고 가만히 있어도, 펀드처럼 비싼 수수료 내지 않고도 남들보다 좋은 수익률을 기록할 수 있기 때문에 "주식투자 난이도가 높네 낮네", "위기가 찾아왔네 마네"로 신경 쓸 필요 없이 꾸준히 S&P500 ETF만 모아가도 충분합니다. 시장지수만큼의 수익률만 내도 웬만한 개인투자자들과 전문가라고 하는 펀드매니저들을 다 제칠 수 있기 때문입니다. 평균인 시장지수를 목표로 했는데 수익률은 상위권이 된다는 아이러니한 상황이지만 이것이 평범한 개인투자자들에게는 기회가 됩니다.

앞에서 언급한 것처럼 S&P500의 연평균 수익률은 8%를 유지하고 있습니다. 시점에 따라 연평균 수익률이 10% 이상 되기도 합니다. 미국이라는 나라가 망하지 않는 한, 자본주의 체제가 무너지지 않는 한, 자본주의 꽃이라고 할 수 있는 미국 주식시장(S&P500)은 우상향할 것입니다. 실패할 확률은 가장 낮고, 오래 투자할수록 수익률은 높은 방법, 그것이 바로 S&P500 ETF 투자입니다. 그래서 S&P500 ETF만 투자해도 3대 변수 중 '효율' 부분을 최고의 가성비로 세팅할 수 있는 것입니다.

수익률 8%로 부족하다면?

물론 연평균 수익률 8% 가지고는 성에 안 차는 분들도 계실 겁니다. 실제로 노후 준비를 위해 투자할 수 있는 기간이 길지 않은 분들이라면 더더욱 높은 연평균 수익률을 통해 자금을 확보해야 합니다. 그래서 특정 섹터에 집중투자하여 초과수익률을 달성하겠다는 투자전략을 세팅할 수 있습니다.

4차 산업 시대를 주도할 메타버스 ETF나 전기차 ETF, 클라우드 ETF에 투자하거나 현재 많이 떨어져 있는 섹터 ETF 등에 투자하여 기대수익률을 높이는 방법입니다. 다만 이 역시 투자 난이도가 매우 높습니다. 다음 장의 S&P500의 섹터별 연간수익률 차트를 보시면 그 이유를 쉽게 알 수 있습니다.

표 | 미국의 섹터별 연간 수익률 순위

수익률 순위	2018	2019	2020	2021	2022	2023
1	헬스케어	정보기술	정보기술	에너지	에너지	정보기술
2	유틸리티	커뮤니케이션	선택소비재	부동산	유틸리티	커뮤니케이션
3	선택소비재	금융	커뮤니케이션	금융	선택소비재	필수소비재
4	정보기술	S&P500	소재	정보기술	헬스케어	S&P500
5	부동산	산업재	S&P500	S&P500	산업재	산업재
6	S&P500	부동산	헬스케어	소재	금융	소재
7	필수소비재	선택소비재	산업재	헬스케어	소재	부동산
8	커뮤니케이션	필수소비재	필수소비재	선택소비재	S&P500	금융
9	금융	유틸리티	유틸리티	커뮤니케이션	부동산	헬스케어
10	산업재	소재	금융	산업재	정보기술	선택소비재

위의 표는 미국 섹터별 연간 수익률을 순위로 나타낸 것입니다. 표를 보시면 해마다 순위 변동성이 크다는 것을 알 수 있습니다. 상위권에 있다가 이듬해에는 갑자기 하위권으로 이동하는 식이죠. 물론 필수소비재 섹터처럼 순위 변동폭이 상대적으로 적은 우등생도 있지만 대부분의 섹터들은 연간 순위 변동폭

이 상당합니다.

그리고 이렇게 대부분 오르내림이 심한 섹터들을 언론에서는 내년에 핫한 섹터 또는 조심해야 하는 섹터라고 소개합니다. 작년에 많이 떨어졌으니 올해는 오를 때가 되었다거나 작년에 폭등했으니까 올해는 떨어질 것이라는 식입니다.

이런 정보들을 토대로 투자하여 높은 수익률을 기록할 수도 있지만 살짝만 미끄러져도 수익률이 급락합니다. 실제 대부분의 펀드나 개인투자자들이 이렇게 특정 섹터나 종목에 집중투자했다가 타이밍을 잘못 맞춰 시장지수보다 못한 수익률을 기록하는 것입니다. 그리고 제대로 맞췄다고 하더라도 중간중간 높은 변동성을 견디지 못하고 열매를 맺기 전 중도하차하는 경우도 많습니다. 내가 파니까 주가가 올라간다는 사례 중 일부는 이에 해당합니다.

반면 시장지수인 S&P500의 경우, 항상 무난하게 중간을 지키고 있습니다. S&P500은 살아 있는 생명체처럼 스스로 잘나가는 섹터 비중은 늘려주고 못 나가는 섹터 비중은 줄여주기 때문에 타이밍을 신경 쓸 필요 없이 투자가 가능한 것입니다.

매년 초만 되면 나오는 이야기가 있습니다. "올해는 작년과 다르게 투자 난이도가 확 올라간다"고 언론에서 항상 기사화합니다. 실제로 시간이 지날수록 세상이 급속도로 변하고 있고 이에 따라 투자 트렌드나 자금의 이동 역시 인지하지 못할 정도로 빠르게 변합니다. 그러다 보니 섹터별·종목별 투자를 조금만 삐끗해도 변동성이라는 높은 파도에 희생될 가능성이 커집니다. 그렇기 때문에 노후의 생명줄과 같은 연금자산은 S&P500 ETF로 중심을 잡아야 합니다. 시간과 돈이 넉넉지 않은 개인투자자들에게는 최고의 투자방법이기 때문입니다.

참고로 서대리는 매월 연금저축계좌뿐만 아니라 일반 주식계좌에서도 미국시장에 상장된 S&P500 ETF인 VOO ETF를 적립식으로 모아가고 있습니다.

한 달이라도 빨리 시작하세요, 시간

그렇다고 시간이라는 변수를 완전히 놓아버리면 안 됩니다. 수익률에 가장 큰 영향을 미치는 변수인 만큼 최대한 투자기간을 늘릴 수 있는 방법을 찾아봐야 합니다. 가능하다면 최소 20년 이상은 투자할 수 있는 환경을 만드는 것을 추천하는데요. 장기투자를 위한 환경을 만드는 방법으로는 큰돈을 써야 하는 이

표 | **S&P500 지수 추이**

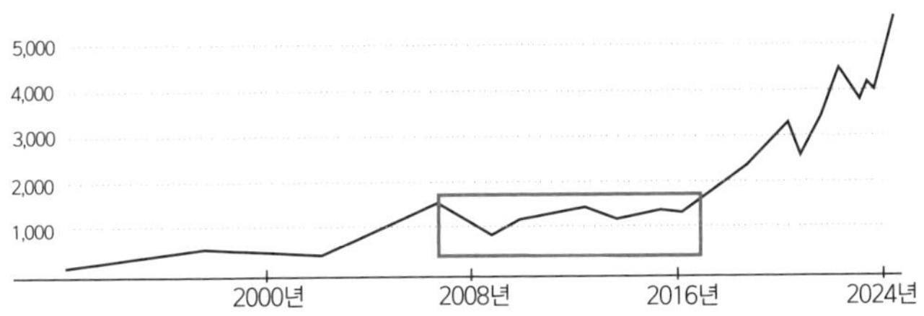

벤트들(내 집 마련, 결혼, 자동차 구입, 자녀 학자금 등)의 자금을 미리 세팅해놓아 의도치 않게 주식을 팔아야 하는 상황을 만들지 않는 것입니다

그 이유는 S&P500이 아무리 대단하고 우상향의 대명사라고 해도 다음의 주가 그래프에서 볼 수 있듯이 주식 특성상, 위아래로 출렁임이 상당하기 때문입니다. 근 10년간 S&P500이 큰폭으로 상승한 덕분에 다들 "미국 주식시장은 우상향"이라고 말하지만 실제 미국 S&P500도 10년 넘게 전고점을 탈출하지 못하고 박스권에 갇혀 있던 역사가 분명 존재합니다.

이처럼 S&P500 ETF도 주식인 만큼 변동성이 큰 투자자산입니다. 때문에 투자시점과 투자기간에 따라 원치 않는 마이너스 수익률을 기록할 수 있습니다. 실제로 어느 시점이든 S&P500

표 | 1871년~2020년 동안 S&P500에 투자했을 경우 투자기간에 따른 손실율

출처: Robert Shiller, Schroders. Analysis based on rolling periods for S&P 500 index. Data January 1871 – March 2020.

에 한 달간 투자하면 마이너스를 기록할 확률이 39.3%입니다. 하지만 다음 장의 그래프처럼 투자기간이 길어질수록 돈을 잃을 확률은 점점 낮아지고 20년을 투자하게 되면 어느 시점에 투자하든 그 확률은 0.1%까지 내려갑니다. 사실상 돈을 잃고 싶어도 잃을 수 없는 경지(?)에 도달하게 되는 것입니다.

그렇기 때문에 가능하면 한 살이라도 어렸을 때부터 S&P500 ETF에 투자하는 것을 추천합니다. 사회초년생인 20대 후반이나 30대 초반부터만 시작해도 최소 20년 이상, 길게는 30년 이상 연금 계좌를 숙성시킬 만한 충분한 시간을 확보할 수 있기 때문입니다.

그리고 요즘 주식투자가 선택이 아닌 필수인 세상이다 보니 어린 자녀들에게 증여하여 주식투자하는 분들도 늘어났습니다. 실제로 제 주변에도 애플, 마이크로소프트, 엔비디아와 같은 글로벌 우량주를 자녀 명의 계좌에 모아주는 분들이 많습니다. 하지만 이 경우도 마찬가지 이유로 개별종목보다는 S&P500 ETF를 추천합니다.

참고로 자녀 주식투자용 계좌로 연금저축계좌가 좋은지 일반계좌가 좋은지 묻는 분들이 많으신데요. 세금혜택만 생각하면 자녀명의의 연금계좌가 단연 유리합니다. 과세이연 혜택은 그대로 받을 수 있고, 어차피 세액공제는 안 받았기 때문에 필요하다면 납입한 원금은 별도의 세금 없이 바로 인출할 수 있기 때문입니다. 다만 원금 외 수익과 ETF 분배금 등을 추가로 인출하려면 16.5%의 기타소득세가 발생하니, 자녀 명의로 투자하는 돈의 목적에 따라 계좌를 선택하길 바랍니다.

아이의 미래를 위해 월 18만 원 연금저축 만들기

최근 정부에서 나오는 아동수당 등으로 자녀의 연금저축 계좌를 만들어 운용하는 부모들이 늘고 있습니다(미성년자의 명의도 연금저축 가입 가능).

자녀 명의의 일반 주식계좌를 만들어 운용해도 되지만 자녀 명의의 연금저축계좌를 만들고 투자할 때의 가장 큰 장점은 단연 과세이연 효과입니다. 연금저축 계좌에서 발생한 ETF 실현 수익과 ETF에서 나오는 분배금에 과세되는 15.4%의 배당소득세를 내지 않기 때문입니다. 아낀 세금으로 재투자를 하여 복리 효과를 극대화할 수 있다는 장점이 있습니다.

반면 자녀 명의의 일반 주식 계좌에서 국내에 상장한 해외 ETF인 Tiger S&P500 등을 모은다면 매매차익과 분배금 모두에 15.4%라는 배당소득세를 내야 합니다.

아이가 55세가 될 때까지 돈이 묶이는 거 아닌가 하는 우려가 있을 수 있습니다. 하지만 아이 계좌는 직장인들과 달리 매년 세액공제를 받지 않으므로 연금저축에 입금한 투자원금에 대해서는 언제든지 별도의 세금없이, 자유롭게 출금이 가능합니다. 대신 투자를 통해 얻은 수익과 ETF분배금 등을 출금할 경우 기타소득세 16.5%를 떼는 것은 동일합니다. 이 부분이 단점입니다.

미성년자는 10년에 2천만 원까지 증여가 가능하기 때문에 한 번에 2천만 원을 다 투자하는 것이 부담스러운 분들이라면, 연금저축에 투자하는 것처럼 자녀의 계좌도 월 적립식 투자로 모아가도 됩니다. 10년에 2천만 원이 기준이니까 1년에 200만 원, 한 달로 따지면 16만 7천 원 정도입니다. 참고로 한 달에 16만 7천 원을 30년 동안 S&P500 ETF로 꾸준히 투자하면 이론상 총 2억 5천만 원 정도가 됩니다(원금 6천만 원, 투자수익 1억 9천만 원).

자녀의 주민등록등본이나 가족관계증명서(상세), 자녀의 기본증명서(상세), 부모의 신분증, 자녀의 도장 또는 대리인 도장을 지참해 가까운 증권사를 방문해 자녀 명의의 증권 계좌를 개설한 후 연금저축 계좌를 개설하면 됩니다.

나에게 맞는 월 투자금 계산 방법

이 책에서는 2019년 국민연금공단에서 발표한 1인당 최소 노후생활비인 월 117만 원을 커버하고 연금저축에 납입한 연

400만 원 세액공제 혜택을 전부 누리기 위해 매월 꾸준히 30만 원씩 입금하고 투자하는 것으로 기준값을 설정했습니다.(참고로 월급이라는 현금흐름이 매월 발생하는 직장인 특성상, 투자주기를 월로 설정했을 뿐, 연1회 투자로 해도 무방합니다.)

하지만 투자자의 상황에 따라 월 30만 원씩 꾸준히 확보하기 어려운 경우가 있을 수 있고, 미니멀리스트라면 희망하는 노후생활비가 117만 원이 아닌 100만 원 미만일 수도 있을 겁니다. 반대로 풀소유(?)의 노후를 꿈꾸는 분들이라면 노후생활비가 월 117만 원이 아닌, 200만 원 또는 300만 원 이상 필요할 겁니다. 이처럼 본인이 생각하는 노후의 라이프스타일에 따라 필요한 생활비는 각각 다를 것이고 이에 맞춰서 투자금을 늘이거나 줄이면 됩니다.

그럼 나한테 필요한 노후생활비를 만들기 위해 매월 투자해야 하는 돈이 얼마인지 어떻게 계산할까요? 방법은 간단합니다. 우선 노후에 필요한 예상 월 생활비에 12를 곱해서 연간 생활비를 구합니다. 이렇게 구한 연간 생활비를 S&P500 ETF 연평균 수익률인 8%로 나눕니다. 그러면 연금 계좌에서 가지고 있어야 할 목표금액이 나옵니다.

예를 들어 희망하는 월 생활비가 200만 원이라면 필요한 자

표 | 투자기간이 30년일 경우 필요한 월 투자금 계산하기

30년 목표		연평균 수익률						
		1%	7%	8%	10%	12%	15%	20%
월 납입 금액 (만 원)	3	1,260	3,681	4,501	6,147	10,590	21,029	70,082
	5	2,100	6,135	7,501	10,246	17,650	35,049	116,804
	10	4,200	12,271	15,003	20,491	35,299	70,098	233,608
	15	6,300	18,406	22,504	30,737	52,949	105,147	350,412
	20	8,400	24,542	**30,006**	40,983	70,598	140,196	467,216
	25	10,499	30,677	37,507	51,228	88,248	175,246	584,020
	30	12,599	36,813	45,009	61,474	105,897	210,295	700,824
	50	20,999	61,354	75,015	102,457	176,496	350,491	1,168,040

단위: 만 원

- 노후에 3억 원(월 생활비 200만 원)을 모으고 싶다면 월 20만 원씩 연평균 8% 수익률로 30년을 납입하면 된다.

산은 3억 원입니다. 3억 원을 통해 매년 8%의 수익을 올리면 2,400만 원이 되고 이를 생활비로 빼서 쓰는 개념입니다. 쉬운 이해를 위해 물가상승률은 제외했지만 조금 더 자세한 계획을 원하는 분들은 투자기간만큼의 물가상승률을 반영하여 목표금액을 세팅하는 것을 추천합니다.

표 | 투자 기간이 20년일 때 필요한 월 투자금 계산하기

20년 목표		연평균 수익률						
		1%	7%	8%	10%	12%	15%	20%
월 납입 금액	3만	797	1,572	1,779	2,153	2,997	4,548	9,484
	5만	1,329	2,620	2,965	3,588	4,996	7,580	15,807
	10만	2,658	5,240	5,929	7,176	9,991	15,160	31,615
	15만	3,987	7,859	8,894	10,763	14,987	22,739	47,422
	20만	5,316	10,479	11,859	14,351	19,983	30,319	63,230
	25만	6,645	13,099	14,824	17,939	24,979	37,899	79,037
	30만	7,973	15,719	17,788	21,527	29,974	45,479	94,844
	51만	13,555	26,722	**30,240**	36,596	50,957	77,314	161,235

단위 : 만 원

- 노후자금으로 3억 원(월 생활비 200만 원)을 만들고 싶은데 20년밖에 남지 않았다면 연평균 수익률 8% 51만 원을 납입해야 한다.

필요한 계좌 총액이 3억 원이라는 것을 알았다면, 이제 필요한 것은 예상 투자기간입니다. 고등학교 때 배웠던 과학 공식인 '거리 = 속력 × 시간'처럼 2가지 요소를 알면 나머지 하나를 구할 수 있습니다. 마찬가지로 투자의 3요소인 규모, 효율, 시간 중 2가지를 알면 나머지 하나를 계산할 수 있습니다. 효율인 연평균 투자수익률은 8%이고, 시간은 30년으로 가정해보겠습니다. 그러면 매월 20만 원씩 입금하고 S&P500 ETF에 투자하면 30년 후 대략 3억 정도가 됩니다(103쪽의 표 참조).

만약 투자기간이 20년으로 줄어들면, 매월 51만 원씩 투자해야 목표한 금액인 3억 원이 된다는 사실을 알 수 있습니다(왼쪽의 표 참조). 각자의 목표 노후생활비에 맞는 월 투자금을 누구나 쉽게 계산하고 확인할 수 있도록 구글 스프레드시트로 만들었습니다. 아래 QR코드의 구글 스프레드시트를 활용하시길 바랍니다.

나의 노후생활비 월 투자금 계산기

원화 채굴 능력 업그레이드하기

이처럼 나에게 맞는 월 투자금액과 투자 기간(시간)을 구체적인 숫자로 계산해보는 과정이 중요한 이유는 투자자 스스로 확신을 가지기 위함입니다.

생활비의 일정 부분을 무조건 노후 준비를 위해 모아야 한다는 강경하고 막연한 투자는 긴 호흡으로 투자해야 하는 연금투자에 악영향을 줄 수밖에 없습니다. 당장 쓰지도 못하는 돈이고 그렇다고 이렇게 투자한다고 해서 노후에 여유로운 생활을 할 수 있을지에 대한 믿음도 없기 때문입니다.

하지만 앞의 계산을 통해 매월 일정 금액을 어느 정도 꾸준히 입금하고 투자하면 원하는 노후생활을 할 수 있다는 가능성을 숫자로 보게 된다면 이야기가 달라집니다.

다만 내 목표에 비해 투자할 수 있는 현금이 부족할 수 있습니다. 그럴 경우 '원화 채굴 능력'을 업그레이드해보시기 바랍니다. 원화 채굴 능력이란 코인을 채굴하는 것처럼 현금(원화)을 벌어들이는 것을 의미합니다.

연봉을 올리기 위한 승진이나 이직 준비, 부수입 창출을 위한 노력 등이 이에 해당합니다. 저 역시 매월 투자금을 더욱 늘리기 위해 다양한 부업을 시도하고 있고 이를 통해 연금저축과 일반계좌 주식투자금을 늘려가고 있습니다. 제가 하고 있는 부업 활동은 유튜브와 블로그 외에도 배민 도보 배달, 전자책 판매 등이 있습니다. 이 외에도 집에서 안 쓰는 물건들을 중고거래로 열심히 판매하며 투자금을 만들고 있습니다.

자영업을 하는 분들을 보면 5월이 바쁩니다. 직장인들에게는 연초 연말정산이 있다면, 자영업자들에게는 5월 종합소득세 신고가 있습니다. 꽃집을 하는 지인의 경우 꽃을 판매하는 일 외에도 문화센터에 출강해 강의를 하고 유튜브도 운영합니다. 또 새로 생기는 카페 매장의 원예 디자인을 하러 출장을 다니는 등 꽃집 이외의 소득 활동이 다양해 세금 신고가 복잡하다고 해서 부러웠던 적이 있습니다.

이처럼 우리도 월급에만 의존할 것이 아니라 조금씩 소득 활동을 넓혀가는 준비를 해야 합니다.

참고로 한국의 소득세법에 따르면 소득의 종류는 이자소득, 배당소득, 사업소득, 근로소득, 연금소득, 기타소득 총 여섯 가지 종류가 있습니다. 종합소득세는 이 여섯 가지 소득을 종합해 하나의 과세단위로 보고 세금을 부과하는 제도입니다. 만약 직장인이지만 월급 외 소득이 추가로 발생했다면 그 다음 해에 내가 벌어들인 수익을 합산해서 수익에 따라 종합소득세를 신고해야 합니다.

이 책을 읽는 분들도 조금씩 자신의 장기를 살려서 기타소득을 시작으로 사업소득 등으로 원화채굴 능력을 확장하시길 바랍니다. 어떤 주제로 시작해야 할지 모르겠다면 주변에서 자주 내게 물어보는 내용을 고민해보시면 좋습니다. 저 역시 주변에서 제게 자주 물어보는 재테크와 절약, 연금저축에 관련한 주제를 발전시켜 콘텐츠화할 수 있었고 이를 계기로 유튜브 활동을 시작할 수 있었습니다. 단순히 수입이 늘어가는 것뿐 아니라 제2의 인생을 준비하는 데도 큰 도움이 됩니다.

4

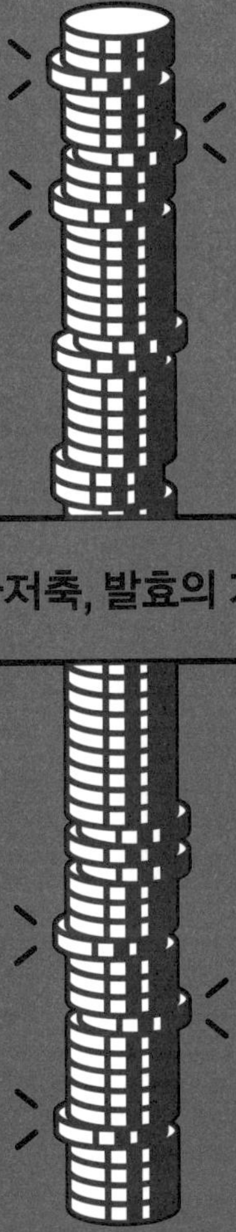

연금저축, 발효의 기술

앞 장에서 결국 성공적인 연금투자의 핵심은 'S&P500 ETF에 장기투자'하는 것이라고 했습니다. 하지만 다음과 같은 의문이 머릿속에 떠오를 겁니다. "S&P500 ETF에 장기간 투자하는 것이 좋다는 것은 알겠는데 그냥 '묻지 마 매수'를 하면 되는 건가? 혹시 더 좋은 매수 방법이 있지 않을까?"하는 궁금증 말이죠.

실제로 연금저축에 S&P500 ETF를 모아가는 구독자분들의 이야기를 들어보면 한 달에 1번 적립식 매수, 모았다가 1년에 한 번 '몰빵' 매수, 저점일 때를 노려서 그때그때 매수하는 방법 등 저마다의 경험과 장점을 살려서 다양한 방법으로 모아가고 있었습니다.

저 역시 2019년부터 증권사 연금저축 계좌에서 ETF 투자를 시작하면서 같은 고민을 하고 있었습니다. 참고로 2019년에는 지금처럼 현물추종 S&P500 ETF가 국내 주식시장에 상장되어 있지 않아 S&P500이 포함되어 있는 KODEX 선진국 MSCI

World ETF에 투자를 했습니다. 처음에는 세액공제 한도인 400만 원만큼의 투자금을 한번에 입금하기 부담스러워 월급날마다 33~35만 원 사이로 입금하면서 투자를 시작했습니다.

하지만 매일매일 변하는 주가를 보다 보니 월급날마다 ETF를 투자하지 말고 현금을 가지고 있다가 주가가 떨어진 시점에만 매수하는 것이 더 좋은 방법 아닌가? 하는 생각이 들었습니다. 그래서 먼저 투자하고 있는 전문가들의 방법을 찾아보니 저와 같은 월 적립식부터, 연 1회 투자, 주가 타이밍을 보고 투자 등등 다양한 방법으로 투자하고 있다는 사실을 알게 되었지만, 아쉽게도 아직까지는 어떤 투자방법이 최고의 효율(수익률 극대화)을 낼 수 있는지에 대한 정답은 찾아내지 못했습니다.

언제 매수해야 가장 좋은 수익률을 기록할지 알기 위해서는 앞으로의 주가 방향을 정확하게 예측해야 가능한데 아직까지는 이를 100% 정확하게 맞출 수 있는 기술이 이 세상에 없기 때문입니다. 그래서 투자의 거장들도 "주가는 예측할 수 없다"고 항상 강조합니다. 하지만 많은 사람들이 내가 주식시장을 잘 맞출 수 있다는 자신감으로 무장하여 호기롭게 덤볐다가 큰돈을 잃습니다.

즉, 어떤 방식으로 투자해야 높은 수익을 얻을 수 있을지에 대한 수학의 정석 같은 바이블은 없다는 것입니다. 다만 한 가지 분명한 사실이 있습니다. 그건 장기투자해야 한다는 것입니다. 어떤 방식으로 투자했더라도 오랜 기간 유지만 했다면 돈을 벌었기 때문입니다.

이에 대한 근거자료가 있어서 소개하고자 합니다. 다음 자료는 미국의 자산운용사 찰스 슈왑에서 발표한 자료를 쉽게 정리한 내용입니다.

ETF, 언제 사는게 유리할까?

월가에서도 우리와 똑같은 고민을 했던 것인지 미국 투자기업인 찰스 슈왑 리서치센터는 S&P500 ETF를 어떻게 매수하는 게 좋을지 알아보고자 5명의 인물을 설정합니다.

이들은 모두 20년간 매년 2천 달러씩 받고 서로 다른 방식으로 투자를 합니다. 투자하는 방식만 다를 뿐 5명 모두 S&P500 ETF에 투자하고 그 기간도 2001년부터 2020년까지 동일합니다. 그러면 5명의 선수들과 투자방법을 짧게 소개하고 바로 결과를 확인해보겠습니다.

표 | 투자왕은 누구일까?

구분	피터 투자의 신	애슐리 연초 1회 매수	매튜 매월 초 매수	로지 똥손	래리 아무것도 안 함
총 평가금	$151,391	$135,471	$134,856	$121,171	$44,438
단순 수익률	278%	239%	237%	203%	11%
투자원금	$40,000	$40,000	$40,000	$40,000	$40,000
투자수익	$111,391	$95,471	$94,856	$81,171	$4,438

그림 ⓒ Travis Bird

첫 번째 선수는 피터입니다. 피터는 주식 타이밍을 완벽하게 잡아내는 투자 고수입니다. 매년 받는 2천 달러를 바로 투자하지 않고 기다렸다가 매년 최저점에 전부 매수하는 방식으로 20년을 투자합니다.

두 번째 선수인 애슐리는 20년 동안 매년 첫 번째 주식시장 개장일에 2천 달러를 전부 ETF로 매수하는 행동파입니다.

세 번째 선수인 매튜는 2천 달러를 12등분하여 매월 초에 매수합니다. 우리가 흔히 말하는 월 적립식 투자이자 서대리의 연금투자방식이 여기 해당합니다. 매튜는 이렇게 20년 동안 매달 투자를 합니다.

네 번째 선수인 로지는 전형적인 인간지표이자 '상투잡기' 전문가입니다. 20년 동안 그해 S&P500이 가장 비쌀 때마다 2천 달러로 모두 매수합니다.

마지막 선수인 래리는 단기채권이나 현금으로 모아두는 투자자입니다. 먹이를 찾아다니는 하이에나처럼 저점을 노리지만 상승장에서는 거품 때문에 주가가 곧 떨어질 것이라 생각하고, 하락장에서는 주가가 더 떨어질 것이라는 생각에 매번 투자를 하지 않고 20년 동안 매년 2천 달러를 모아만 둡니다.

참고로 2001년부터 2020년까지 20년이라는 긴 시간 동안 S&P500을 추종하는 SPY로 백테스팅해보면 두 번의 큰 하락으로 최대 하락비율이 -51%였으며 연평균 수익률은 7.41% 정도였습니다.

그럼 20년 후 5명의 투자 성과는 어떻게 나타났을까요? 우선 누구나 짐작할 수 있듯이 투자의 신인 피터가 가장 높은 수익률을 기록했습니다. 단순 수익률 기준 278%라는 성과를 보여줬죠. 피터 다음으로는 '애슐리 > 매튜 > 로지 > 래리' 순입니다. 이 결과를 보고 투자에 적용할 만한 점이 크게 3가지가 있습니다.

표 | 20년간 5명의 투자 결과

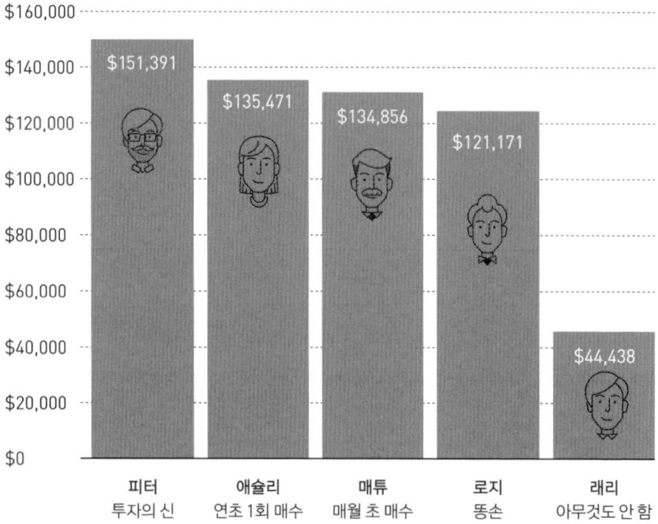

그림 © Travis Bird

우선 아무리 '똥손'이라도 투자를 하는 것이 투자를 아예 안 하는 것보다 훨씬 낫다는 사실입니다. 투자를 안 하면 20년 동안 고작 11%의 수익을 기록할 뿐이지만 매년 고점에 물려서 놀림받는 로지조차도 20년을 '존버'하니까 무려 203%의 수익률을 기록했기 때문입니다.

두 번째로 의미 있는 부분은 적립식 투자의 시점입니다. 마켓 타이밍을 보고 투자하는 것이 아닌 적립식 투자자라면 월 적립보다는 연초에 '몰빵'하는 방식이 조금이나마 더 낫다는 사실입니다.

실제로 월 적립 투자자인 매튜보다 연 적립 투자자인 애슐리의 수익이 조금 더 많은데, 이는 미국 시장지수가 75.6%의 확률로 연초보다 연말에 상승하기 때문입니다. 즉, 이론적으로는 상대적으로 저가인 연초에 연금저축 연 400만 원(투자자에 따라 필요한 만큼)을 한 번에 투자하는 것이 확률상 유리합니다. 마지막으로 피터처럼 타이밍을 완벽하게 맞추지 못할 바에는 매튜처럼 기계식 매수하는 방법도 효과적일 수 있다는 사실입니다.

매수하기 전에는 누구나 피터 린치를 꿈꾸지만 실제로 매수하고 나면 주가가 떨어지는 경우를 많이 겪습니다. 찰스 슈왑의 데이터처럼 거시경제 흐름이나 타이밍을 생각하지 않고 기계적으로 매수하는 애슐리나 매튜의 수익률도 상당히 훌륭하기 때문에 자신이 투자 타이밍을 잡는 데 어려움을 느낀다면 그냥 적립식 매수만 해도 웬만한 투자자들은 이긴다고 보면 됩니다.

앞에서 소개한 결과가 '특정 기간에만 해당하는 것이 아닌가' 하고 걱정하는 분들을 위해 우리의 친절한 찰스 슈왑 리서치센

표 | 20년 단위로 나눠본 5명의 수익률 순위

	피터 투자의 신	애슐리 연초 1회 매수	매튜 매월 초 1회 매수	로지 똥손	래리 아무것도 안 함
총 수익률	1	2	3	4	5
1955-1974	2	3	4	5	1
1958-1977	1	2	3	5	4
1959-1978	1	2	3	5	4
1960-1979	1	2	3	5	4
1962-1981	1	4	3	5	2
1963-1982	1	2	3	5	4
1965-1984	1	3	2	4	5
1966-1985	1	3	2	4	5
1968-1987	1	3	2	4	5
1969-1988	1	3	2	4	5

터는 1926년부터 20년 단위로 나눠서 5개의 투자방식의 수익률 순위를 정리해줬습니다. 총 76개의 20년 단위 구간 중 무려 66개 구간에서 수익률 순위가 전체 결과와 동일한 '피터 〉 애슐리 〉 매튜 〉 로지 〉 래리' 순이었습니다.

물론 1955~1974년처럼 긴 약세장에서는 아무것도 안 하고 현금만 들고 있는 래리가 1등을 하기도 했습니다. 이 당시 순위가 정말로 특별한 예외일지, 아니면 앞으로 계속 이렇게 될지 알 수 없지만 이 통계자료를 보면서 점점 더 명확해지는 것은 '적립식 투자'의 끈질긴 생명력입니다.

월 적립식이든 연초 1회 적립식이든 꾸준히만 투자한다면 어떤 시장 상황에서도 적어도 중간 이상은 갈 확률이 매우 높습니다. 실제로 모든 기간 동안 적립식 투자는 수익률 꼴등을 한 적이 단 한 번도 없습니다.

내용을 정리해보면 투자는 무조건 하는 것이 좋고, 연 1회든 월 적립이든 꾸준히만 투자해도 평균 이상은 할 수 있다는 훈훈한 결말입니다. 그리고 적립식 투자의 경우 연초 1회 적립식 투자가 확률상 더 좋긴 하지만 언제나 그런 것도 아니기 때문에 월 적립식으로 모아가도 충분합니다.

특히 직장인이라면 한번에 1년치 투자금을 연초에 확보하기 힘듭니다. 매월 숨만 쉬어도 나가는 각종 고정비용들이 있기 때문입니다. 물론 연초 성과급이나 연말정산 환급 등을 통해 투자하는 방법이 있긴 하지만 매년 일정하지 않은 만큼 직장인이라면 월 적립식 투자를 추천합니다. 다만 '꾸준히' 해야 한다는 점 잊지 마세요.

서대리의 경우, 꾸준히 매월 초 연금저축 투자를 위해, 그리고 실제로 '기계적 월적립 매수'만으로도 충분히 여유로운 노후를 보낼 수 있다는 사실을 직접 증명하기 위해 연금저축 S&P500 ETF 투자내역을 매월 유튜브 영상으로 공유하고 있습니다. 꾸준히 투자하겠다는 의지와 실행력만 있다면 월 적립식 S&P500 ETF투자는 직장인에게 최고의 가성비 투자방법입니다.

적립식 투자의 3가지 장점

찰스 슈왑도 적립식 투자의 3가지 장점을 강조했습니다.

첫째, 미루는 것을 방지해줍니다. 투자가 필수라는 것은 알지만 언제 어떻게 시작해야 할지 결정하기 어려운 분들이라면 적립식 투자가 답입니다.

둘째, "그때 샀어야 했는데" 하는 후회를 최소화해줍니다.

셋째, 마켓 타이밍을 신경 쓰지 않게 됩니다. 타이밍을 잘 맞춰서 부자가 될 수도 있지만 그 확률은 솔직히 너무나도 낮습니다.

결국 S&P500 ETF 투자의 핵심은 언제 투자하느냐가 아니라 '꾸준히, 그리고 긴 시간 동안 지속적으로 적립식 투자'하는 것입니다.

물론 타이밍을 잘 잡을 자신이 있다면 적립식 투자를 할 필요가 없습니다. 하지만 긴 시간 동안 매번 타이밍을 잘 맞추기는 어렵고 반대로 한두 번 잘못 맞추기 시작하면 오히려 적립식 매수보다 수익률이 낮아질 가능성이 높습니다.

또한 타이밍을 잡겠다고 수많은 요소들을 분석하고 고민하는 시간들을 생각했을 때 투자 가성비가 떨어질 가능성도 있습니다. 자신의 이전 투자 성과를 바탕으로 고민해보시고 투자 방법을 선택하시길 바랍니다. 연금 계좌 외 일반 계좌 투자 성과가 최소 몇 년 이상 S&P500 ETF 수익률을 이겼는지, 그리고 그 방법을 연금 계좌에서 동일하게 적용할 수 있는지 확인해보면 좋습니다.

평범한 직장인 투자자인 서대리는 월초마다 30~35만 원을 연금저축 계좌에 입금하고 S&P500 ETF를 모아가고 있습니다. 월급 받는 회사생활을 언제까지 할 수 있을지 모르겠지만 월급이 나오는 동안은 월 적립식 투자를 이어갈 계획이고 이렇게 단순한 투자법만으로도 연금수령이 가능한 만 55세 이후에는 노후에 매달 200만 원, 300만 원씩 연금을 받을 수 있는 계좌가 될 수 있습니다. S&P500 ETF 장기간 투자가 수익률 상위 10%, 더 나아가 상위 1% 안에 들 수 있는 가장 손쉬운 방법이기 때문입니다.

여러분이라면 확정적으로 상위 10% 안에 드는 방법을 선택하시겠나요? 아니면 치열한 고민과 공부를 토대로 상위 1%가 될 수도 있지만 반대로 시장지수보다 못한 성적표를 받을 수도 있는 방법을 선택하시겠나요? 저라면 생각할 필요도 없이 전자를 고를 것이고, 앞으로도 이렇게 투자할 것입니다.

수익률을 더 높이고 싶다면 나스닥 ETF 추가

S&P500 ETF에 투자하는 것이 가장 효과적인 방법이지만 다양한 투자 블로거들이나 유튜버들, 그리고 전문가들의 추천 종목을 찾아보면 나스닥ETF가 꼭 들어 있는 것을 알 수 있습니다. S&P500을 강조하는 서대리 역시 연금저축과 개인형 IRP, 퇴직연금DC형 계좌에서 나스닥ETF를 함께 투자하고 있습니다.

물론 S&P500 ETF만 꾸준히 매수해도 웬만한 개인투자자뿐만 아니라 억대 연봉을 받는 펀드매니저들보다도 투자수익률이 좋다는 사실을 앞에서 계속 설명한 만큼 나스닥ETF를 함께 투자하는 것에 대한 궁금증이 있으실 겁니다. 바로 S&P500에만 투자하는 것이 좋을지, 아니면 나스닥 ETF도 함께 투자하는 것이 좋을지 말이죠. 그리고 만약 함께 투자하기로 했다면 둘의 황금비율은 어느 정도가 적당한 건지 고민이 되실 겁니다.

S&P500과 나스닥의 투자 비중은 어떻게 결정하면 될까요? 굉장히 어려운 주제 같아 보이지만 이 역시 간단하게 해결할 수 있습니다. 바로 "본인의 연평균 목표수익률"에 따라 S&P500 ETF와 나스닥 ETF 투자를 결정하면 되기 때문입니다. 예를 들어 자신의 연평균 목표수익률이 8% 이상이라면 기대수익률이 더 높은 나스닥 ETF를 섞으면 되고 8% 이하라면 S&P500 ETF만 투자하는 식입니다.

8%를 기준으로 하는 이유는 S&P500의 연평균 수익률이 8%대이기 때문입니다. 1957년부터 현재까지 S&P500의 연평균 수익률은 8.4%입니다. 물론 투자기간을 언제로 세팅하느냐에 따라 S&P500의 연평균 수익률이 13% 이상 되기도 하지만 투자는 우리의 피 같은 돈이 걸린 문제인 만큼 보수적으로 잡는 것을 추천합니다. 우리의 인생은 계획대로만 흘러가지 않기 때문입니다.

참고로 연평균 목표수익률이 8% 이상일 때 나스닥 ETF 투자를 고려하는 이유는 나스닥 ETF의 기대수익률이 S&P500보다 높기 때문입니다. 기술주 위주로 구성되어 있는 나스닥지수인 만큼 그만큼 미래에 대한 기대감으로 주가 프리미엄이 높습니다. 그래서 주식투자 하면 흔히 듣는 PER라는 수치가 나스닥 기업들은 높은 편입니다. 지금 당장 돈은 못 벌어도 앞으로 잘 벌 것이라는 기대감이 깔려 있는 것이죠.

대신 현재의 실적보다는 미래 성장성에 초점이 맞춰져 있다 보니 2023년처럼 금리인상 이슈가 있는 상황에서는 주가가 많이 빠지는 모습을 보여주기도 합니다.

나만의 연평균 목표수익률 세팅하는 법

그렇다면 이런 질문이 하고 싶으실 겁니다.

"연평균 목표수익률은 어떻게 설정하죠?"

이것 역시 어렵지 않습니다. 본인이 언제까지 얼마나 모으고 싶은지 정하면 연평균 목표수익률은 계산을 통해 쉽게 구할 수 있기 때문입니다. 복잡하게 계산할 필요가 없도록 서대리가 이미 '목표달성 로드맵'이나 '연금 시뮬레이터'라는 이름으로 구글 스프레드시트를 만들었습니다. 이용방법은 아래의 QR코드를 통해 시청할 수 있는 영상으로 자세하게 확인하실 수 있습니다.

1억 모으기 로드맵 유튜브 영상과 구글 스프레드시트
(영상 설명 더보기에 구글 스프레드 시트 링크 클릭)

참고로 서대리의 경우 투자뿐 아니라 어떤 일을 하더라도 목표부터 확실하게 세팅하고 움직입니다. 목표가 명확하게 세팅되어 있다면 그 목표를 달성하기 위한 과정은 자연스럽게 그려지기 때문이죠. 그리고 목표는 중요한 순간마다 옳은 선택을 할 수 있는 기준이 되는 만큼 목표부터 세팅하는 습관을 들이길 추천합니다.

이 관점에서 나에게 필요한 '노후 월 생활비'와 '투자 가능한 금액'을 세팅해보시기 바랍니다. 우선 '노후 월 생활비'는 현재 나의 3개월 이상의 소비 내역을 가계부로 기록한 후 결정하면 됩니다. 필요한 월 생활비는 개인마다 다르기 때문에 가계부나 시중에 나온 다양한 금융어플(네이버가계부, 시럽, 뱅크샐러드 등)을 통해 자신에게 맞는 기록 방법을 찾으시길 바랍니다.

"나는 노후에도 차가 꼭 필요하기 때문에 차 유지비 30만 원은 포함되었으면 좋겠어", "나는 반려동물과 함께 하기 때문에 한 달에 20만 원은 반드시 필요해" 등 다양한 비용이 각자 있을 겁니다. 참고로 서대리의 경우, 월 생활비로 150만 원이면 충분하기 때문에 이를 기준으로 삼았습니다.

월 투자 가능한 금액 역시 정답이 없고 스스로의 상황에 맞춰야 합니다. 투자자의 수입이나 자금 현황에 따라 연금 계좌에서 투자할 수 있는 금액이 다르기 때문입니다.

이렇게 노후에 필요한 '월 생활비'와 투자 가능한 금액인 '규모', 그리고 연금수령 시점(만 55세 이후)인 '시간'이 결정됐다면 이제 남은 변수는 '효율'인 연평균 수익률입니다. 부부의 노후 적정 생활비가 월 268만 원이라고 하니 이를 예시로 한번 연평균 수익률을 계산해보겠습니다.(30년 투자 가정.)

일단 지금은 한 달에 268만 원이 필요하지만 30년 후에는 물가상승으로 인해 더 많은 현금이 필요해질 겁니다. 1년에 1.75%씩 인플레이션이 발생한다고 가정하면 지금의 268만 원의 가치는 30년 후 451만 원이 되는데요. 즉, 한 달에 451만 원이 있어야 지금과 같은 노후생활이 가능하다는 뜻입니다. 즉, 우리는 30년 후 한 달에 451만 원씩 꺼내 쓸 수 있는 연금 계좌가 필요합니다. 그럼 연금 시뮬레이터를 통해 연평균 수익률과 필

표 | 월 투자금액과 목표 수익률에 따른 예상 노후생활비(월 현금흐름, 세전)

투자기간 30년 | **월 수령 목표** 451만 원

30년 목표		연평균 수익률						
		1%	**7%**	**8%**	**10%**	**12%**	**15%**	**20%**
월 납입 금액	**3만**	1	21	30	49	106	263	1,168
	5만	2	36	50	81	176	438	1,947
	10만	3	72	100	162	353	876	3,893
	15만	5	107	150	243	**529**	1,314	5,840
	20만	7	143	200	324	706	1,752	7,787
	25만	9	179	250	406	882	2,191	9,734
	30만	10	215	300	**487**	1,059	2,629	11,680
	51만	18	365	510	827	1,800	4,469	19,857

단위: 만 원, 세전 금액

요한 투자금을 쉽게 계산해볼 수 있습니다.

한 달에 451만 원씩 쓸 수 있는 계좌를 만들기 위한 규모와 효율 조합은 여러가지가 있습니다. 월 15만 원씩 투자하고 연평균 수익률 12%를 달성하거나 월 30만 원씩 투자하고 연평균 수익률 10%를 달성해도 됩니다.

이런 식으로 본인의 현실적인 투자금에 따른 목표 연평균 수

익률을 계산합니다. 그 결과 연평균 수익률이 8%가 넘는다면 조금씩 나스닥 ETF 투자 비중을 늘려가면 됩니다. 서대리 역시 연평균 수익률 8%로는 부족함을 느끼고 있어서 연금 계좌에서 나스닥 ETF를 일정 비중 함께 모아가고 있습니다.

물론 앞으로도 나스닥 ETF가 지난 10년처럼 폭풍상승할지는 아무도 알 수 없습니다. S&P500보다 수익률이 낮은 해도 있었습니다. 실제로 2021년만 보더라도 S&P500이 나스닥보다 더 상승했습니다. 하지만 장기적으로 보면 기술주 중심인 나스닥 ETF의 기대수익률이 더 높을 것이라고 생각합니다. 결국 인간의 삶을 완전히 바꿔버리는 것은 기술이기 때문입니다.

실적

주가 = PER × EPS

프리미엄

1차 산업혁명부터 현재 4차 산업혁명까지 그 중심에는 항상 새로운 기술이 있었고 이 기술 덕분에 인류의 역사는 획기적으로 발전하고 있습니다. 그리고 이런 기술들이 대부분 미국에서 나오고 있으며 주가는 실적인 EPS와 기대감인 PER의 곱인 만큼 새로운 기술에 대한 기대감, 그리고 이로 인한 폭발적인 실적

상승 측면에서 앞으로도 나스닥은 꾸준히 우상향할 것이라 생각합니다.

다만 나스닥 ETF 투자 비중을 높게 가져갈 계획이라면 한 가지 주의할 점이 있습니다. 바로 기대수익률이 높아지는 만큼 포트폴리오 변동성도 커진다는 점인데요. 아무래도 기술주 중심이기 때문에 주식시장 그 자체인 S&P500에 비해 주가 변동성이 더 클 수밖에 없다 보니 큰 비중으로 투자를 계획하고 있다면 마음을 단단히 먹어야 합니다. 대비하고 있지 않으면 변동성이라는 높은 파도에 휩쓸려 손해만 보고 시장을 떠나게 될 수도 있습니다.

정리해보겠습니다.

첫째, 본인의 연평균 목표수익률을 확인합니다. 만약 없으면 목표달성 로드맵을 통해 이번 기회에 한번 만들어보는 것을 추천합니다.

둘째, 연평균 목표수익률이 8% 이하라면 단순하게 S&P500 ETF로만, 그 이상이라면 나스닥 ETF를 섞어줍니다. 목표수익률이 높아질수록 나스닥 ETF 투자 비중 역시 커지는 것입니다.

셋째, 나스닥 ETF 비중이 커질수록 포트폴리오 변동성이 커질 수 있다는 점은 감안해야 합니다.

하락장에 대처하는 장기투자자의 자세

다만 아무리 계획을 잘 세워서 목표수익률과 월 투자금액, 투자기간을 세팅해놨다고 해도 실제 이를 실현시키는 것은 쉽지 않습니다. 주식투자를 하는 많은 사람들이 대부분 "나는 장기투자자가 될 거야"라고 선언하지만 실제로 투자한 종목을 1년 이상 들고 있는 사람이 거의 없는 것만 봐도 알 수 있습니다.

특히 2023년 들어 금리 인상에 인플레이션까지 겹쳐 분위기가 안 좋다 보니 주식투자에 입문한 분들의 하소연과 손절했다는 소식으로 관련 커뮤니티가 도배되었습니다.

물론 이론적으로 장기투자자에게는 본인이 투자하는 주식이 떨어지면 오히려 좋습니다. 같은 돈으로 더 많은 주식을 살 수 있고 자본주의에서 좋은 자산은 꾸준히 우상향하기에 지금과 같은 변동성은 투자자의 자산 규모를 한 단계 이상 상승시킬 수 있는 절호의 기회가 되기 때문입니다. 워런 버핏과 같은 투자의 대가들이 하락장에서 공포를 이기고 추가 매수해야 한다고 항상 이야기하는 이유입니다.

하지만 차트로만 보던 하락장을 직접 겪어보면, 그리고 그때가 하필 많은 자금이 들어가 있는 타이밍이라면 용기 있게 매수 버튼을 누르는 것이 절대 쉽지 않습니다. 매일매일 주식 계좌에서 월급보다 많은 돈이 사라지고, 앞으로도 시장이 좋지 않을 거라는 전망이 계속되면 더더욱 그럴 수밖에 없습니다. 평상시에는 "이 가격 오면 꼭 사야지"하고 다짐하지만 막상 목표로 삼은 가격이 와도 못 사는 이유는 간단합니다. 더 떨어질 것 같기 때문입니다.

서대리 역시 마찬가지였습니다. 기계처럼 매수하려고 노력하지만 기계도 가끔 망가지는 것처럼 "지금 추가 매수를 해도 될까" 고민하고 스트레스를 받기도 합니다.

그래서 서대리는 20~30년 투자를 유지할 수 있도록 몇 가지 노력을 하고 있습니다. 지금은 하락장에서도 주가 하락에 크게 신경쓰지 않고 월급날마다 적립식 매수와 물타기를 기계적으로 하고 있습니다. 제가 이렇게 흔들리지 않을 수 있던 몇 가지 비법을 소개합니다.

장기투자자에게 있어서 가장 중요한 것은 월 적립식 투자 외에 '아무것도 안 하는 것'이 포인트입니다. 보통 사람들은 주가가 떨어지면 평가손실을 만회하기 위해 "보유한 A라는 종목을 팔고, 지금 잘나가는 B종목을 매수할까"와 같은 적극적인 대응을 하곤 합니다.

포트폴리오는 손댈수록 작아지는 비누 같은 것

실제로 인간은 이익보다 손실에 더 민감하게 반응합니다. 수익에 대한 기쁨이 1이라면 손실에 대한 고통은 2가 넘는다는 손실 회피 편향 때문입니다. 하지만 손실을 만회하기 위한 과감한 대응은 우리의 계좌를 더욱 쪼그라들게 만들 가능성이 매우 높습니다.

그래서 서대리는 평상시에도 월급날 무지성 매수 외에 하락장처럼 불안한 순간이 오면 더욱 격렬하게 아무것도 안 합니다. 그리고 평상시에는 상식 차원에서 읽어보는 경제 뉴스들도 의도적으로 멀리합니다. 실제로 주가가 계속 떨어지다 보면 "역대급 하락이나 경제위기가 온다"는 공포를 조성하는 뉴스들이 쏟아지게 되고 이를 계속 보다 보면 아무래도 마음이 흔들릴 수밖에 없습니다.

투자의 신이라 불리는 워런 버핏이 사는 곳은 월스트리트가 아닌 오마하입니다. 미국의 중북부 네브래스카 주에 있는 작은 도시로, 뉴욕 월스트리트에서 오마하까지 비행기로 4시간, 자동차로는 18시간이나 걸릴 만큼 멀리 떨어져 있습니다.

그런데도 워런 버핏이 월스트리트에 있는 그 어떤 사람들보다 위대한 투자자가 될 수 있었던 비결은 무엇일까요? 기본적으로 워런 버핏의 능력이 압도적인 것도 있겠지만 저는 워런 버핏이 수많은 정보인 '시장 소음'으로부터 떨어져 있다는 점도 절대 무시할 수 없다고 생각합니다.

실제로 워런 버핏은 월스트리트에서 근무하다 오마하로 돌아와 이렇게 말했습니다.

"월스트리트에서는 사람들이 10초마다 등장해서 내게 속삭여댔고, 나는 과도하게 자극을 받았다. 1년에 단 하나의 좋은 아이디어만 있으면 충분하다. 오마하는 그런 아이디어를 얻기에 좋은 장소다."

요즘은 조금만 노력하면 뉴스나 유튜브, 블로그 등을 통해 투자와 경제에 대한 정보를 자세하게 알 수 있는 세상입니다. 일반인도 이렇게 많은 정보를 쉽게 접할 수 있는데 금융 중심지인 월

가에는 엄청나게 많은 정보가 넘쳐흐를 것입니다.

문제는 월가의 펀드매니저들이 그런 꿀 같은 정보들을 다 가지고 투자해도 대부분은 시장지수인 S&P500 수익률을 이기지 못한다는 점입니다. 반면 워런 버핏은 장기간 S&P500 수익률을 앞지르면서 세계 최고 부자 반열에 올랐습니다. 시장 소음에 휘둘리지 않고 본인의 원칙과 투자방법으로 장기투자한 덕분에 전설이 된 것입니다.

그래서 서대리 역시 너무 많은 정보에 노출되는 것을 자제합니다. 주식을 걱정할 시간에 책을 읽거나 다른 일을 합니다. 수많은 뉴스와 정보를 본다고 해도 시장은 예측할 수 없기 때문입니다. 단기적으로 보면 오르거나 또는 내리거나입니다. 다만 "좋은 자산은 시간이 지날수록 우상향한다"는 대전제가 자본주의의 원칙인 만큼 추가 매수를 하지 않더라도 팔지 않고 꾸준히 보유하는 것이 정말 중요합니다. 앞에서 봤던 똥손 로지도 장기투자를 하여 준수한 수익을 거두었다는 사실을 떠올려보세요.

또한 더욱 격렬하게 아무것도 안 하기 위해 서대리는 증권사 어플마저 접속을 잘 안 합니다. 대부분 MTS나 HTS는 거래에 초점이 맞춰져 있습니다. 이용자들이 꾸준히 거래를 해야 증권사가 돈을 버는 구조인 만큼 화려한 차트와 거래가 쉬운 인터페

이스, 그리고 지금 사야 하는 종목과 이유, 지금 팔아야 하는 종목과 이유 등을 끊임없이 소개해줍니다. 그래서 서대리는 이런 유혹에 넘어가지 않기 위해 증권사 앱을 거의 안 들어갑니다.

대신 제가 만들어서 투자에 활용하고 있는 '물타기 계산기'나 'MDD계산기' 정도만 가끔 이용합니다. 여기서 제가 투자 중인 종목들의 고점 대비 하락률 정도만 체크하고 목표한 가격이 됐을 때만 앱에 들어가서 추가 매수하는 편입니다. 서대리의 투자 도구들은 아래 QR링크를 통해 이용하실 수 있습니다.

물타기 계산기

MDD 계산기

실제로 주식투자를 할 때 매수매도가 잦으면 즉, 회전율이 높을수록 투자수익률이 낮아진다는 통계자료가 매년 발표됩니다. 반대로 회전율이 낮을수록 투자수익률은 올라가는 경향을 보입니다. 다음의 그래프를 보면 가장 활발한 거래회전율을 자랑하는 20대 남성의 수익률이 꼴찌이고 30대 남성이 그 뒤를 달리고 있습니다.

이처럼 포트폴리오는 비누와 같습니다. 만지면 만질수록 거

표 | 2021년 연령대별 남성 회전율 및 수익률(출처 : NH투자증권)

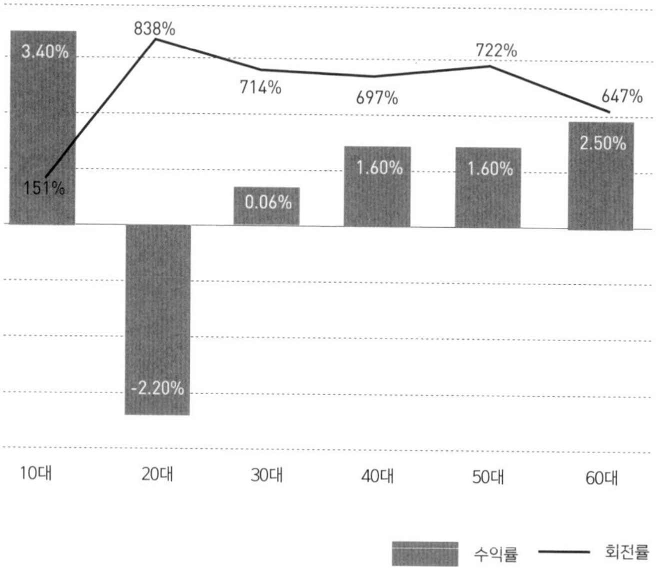

래 수수료와 예측 실패에 따른 수익률 악화로 인해 자산은 점점 작아지기 때문입니다. 즉, 괜히 미래를 예측하고 매수매도를 하는 것보다 가만히 있는 것이 더 유리합니다. 물론 보유한 주식이 좋은 종목이어야 하는 것을 전제로 말입니다.

질 좋은 돈으로만 투자하기

계획대로 장기투자를 하기 위해서는 질 좋은 돈으로만 투자해야 합니다. '질 좋은 돈'이라는 것은 무엇일까요?

우선 질 나쁜 돈들은 다음과 같습니다. 정해진 기간 내에 지불해야 하는 돈(전세금 등)이나 일정 시점까지 갚아야 하는 돈(대출 등)이 대표적입니다. 실제로 투자기한이 정해져 있는 돈들은 우리의 판단력을 흐리게 만들 수밖에 없습니다.

다음 달까지 내야 할 전세계약금으로 투자하고 있는데 마침 주식시장이 안 좋아서 마이너스가 된 상황이라면, 투자자는 돈을 어디서 더 구해오거나 아니면 다른 투자를 통해 손실을 메꿔야 합니다. 이런 계획에 벗어난 이벤트들이 자꾸 발생할수록 목표했던 장기투자는 멀어집니다.

이런 기한이 있는 돈으로 투자하면 마음이 급해집니다. 그리고 마음이 급해지면 잘못된 선택을 할 확률이 높아집니다. 애초에 장기투자할 계획이었던 S&P500 ETF를 매도하고 시장에서 벗어나거나, 발생한 손실을 만회하기 위해 더욱 위험한 선택을 합니다. 하지만 그 결과는 대부분 가만히 있는 것보다 좋지 않습니다.

그래서 이런 사태를 미연에 방지하고자 사용기한이 전혀 없는 질 좋은 돈들로만 주식투자를 해야 합니다. 그러면 원하는 목표를 달성할 수 있을 때까지 주식을 안 팔고 기다릴 수 있게 됩니다.

"가지고 있지도 않고 필요하지도 않는 돈을 벌기 위해서 그들은 자신이 가진 것, 필요한 것을 걸었다. 이는 바보 같은 짓이다"라는 워런 버핏의 명언처럼 우리의 삶을 담보로 투자할 필요가 없습니다. 결정적으로 노후 준비는 매월 30만 원씩만 꾸준히 투자해도 평균 이상이 될 수 있기 때문이죠. 하지만 이렇게 생각하시는 분들도 계실 겁니다.

"나는 삶이 빡빡해서 사용기한이 없는 질 좋은 돈이 부족한데 어떻게 하죠?"라고 걱정하십니다. 이에 대한 답은 간단합니다. 수입을 더 늘려야 합니다. 배달이나 외식, 택시비 등의 지출을 줄이는 동시에 월급 외 수입을 늘리기 위해 다양한 경험을 쌓아야 합니다. 자격증을 따거나 자기계발을 통해 능력을 인정받아 승진을 하는 등 연봉을 높일 수 있는 방법을 고민해야 합니다.

2022년 버크셔 해서웨이 연례주주총회에서 한 학생이 워런 버핏에게 이런 질문을 했습니다. "최악의 인플레이션 시대에 오로지 한 종목에만 베팅하셔야 한다면 어디에 투자하시겠습니까?"라고요. 이에 워런 버핏은 다음과 같이 대답했습니다.

"그 종목보다 더 좋은 얘기를 해주겠습니다. 동네에서 최고의 의사가 되거나 최고의 변호사가 된다거나 뭐가 됐든 당신이 잘하는 것에 최고가 된다면 당신을 상대로 인플레이션을 적용할 수 없습니다. 사람들은 당신이 제공하는 것을 얻기 위해서 그들이 생산하는 무언가를 줄 것입니다. 심지어 세금도 없고 그 재능은 빼앗아갈 수도 없습니다. 그들은 당신을 상대로 인플레이션을 적용할 수 없다는 얘기입니다.

따라서 최고의 투자는 뭐든 당신 자신을 계발하는 것입니다. 좋아하고 잘하면서도 사회가 도움이 되는 일을 한다면, 1달러의 구매력이 1센트가 되든 0.5센트가 되든 딱히 달라질 것은 없습니다."

즉, 버핏 역시 본인의 능력을 업그레이드하는 것이 최고의 투자라고 강조합니다. 물론 이 역시 쉬운 일은 아닙니다. 하지만 이에 대한 고민을 하다 보면 생각보다 월급 외 수입을 만들 수 있는 방법이 참 많고, 어렵지 않다는 것을 깨닫게 됩니다. 그리고 자신이 좋아하는, 또는 관심 있는 분야로 돈을 벌 수 있게 됩니다. 결정적으로 주식 투자에 대한 관심이 줄어들게 되고 자연스럽게 월 적립식 투자 외에 '아무것도 하지 않는 경지'에 오르게 됩니다.

ETF 대신 TDF펀드는 어떨까?

연금 투자에 관심이 있거나 이미 투자하고 계신 분들이라면 TDF펀드라는 단어를 한번쯤 들어보셨을 겁니다. 요즘 증권사들마다 집중하고 있는 금융상품으로 'Taget Date Fund'의 약자인데요, 단어 그대로 투자자의 은퇴 시점에 맞추어 위험자산과 안전자산의 투자 비중을 자동으로 조정해주는 자산배분 펀드입니다.

TDF2045라는 펀드를 예로 들어보겠습니다. 여기서 2045는 투자자의 평균적인 은퇴시점을 의미합니다. 2045년에 은퇴하는 것을 목표로 그에 맞는 자산배분 투자를 자산운용사에서 대신 해주는 것입니다. 젊을 때는 위험자산인 주식 비중을 높여서 투자하다가 은퇴시기가 다가오면 안전자산인 채권 비중을 높여 펀드를 운영하는 방식입니다.

이처럼 본인이 연금수령을 시작할 연도만 세팅해서 한번 투자하면 증권사가 알아서 관리해주는 TDF펀드이다 보니 "알아서TDF", "온국민TDF", "자산배분TDF" 등의 펀드명으로 홍보하고 있습니다. "한국인의 생애주기에 맞는 연금솔루션"이라는 문구만 봐도 전문성이 느껴지고 여기에 투자하면 어느 정도 안정적인 노후 준비가 가능할 것 같습니다.

물론 맞습니다. TDF펀드는 분명 좋은 펀드입니다. 금융업 종사자가 아닌 일반 직장인들과 개인투자자들이 크게 신경 쓸 필요 없이 거치식 매수를 하거나 적립식 매수를 세팅해두면 좋은 투자상품들에 알아서 투자해주고 그 비중도 조절해주니까요.

하지만 한 달에 2분만 할애해도 TDF펀드에 투자하는 것보다 유리한 상황을 만들 수 있기 때문에 서대리는 가급적이면 TDF펀드 투자를 지양합니다.

내가 TDF에 투자하지 않는 이유

서대리가 TDF펀드에 투자하지 않는 첫 번째 이유는 높은 수수료 때문입니다. 주식에 장기투자하면 복리의 마법 효과로 어

표 | 50년 투자 시 수수료별 투자자산 증가 차이

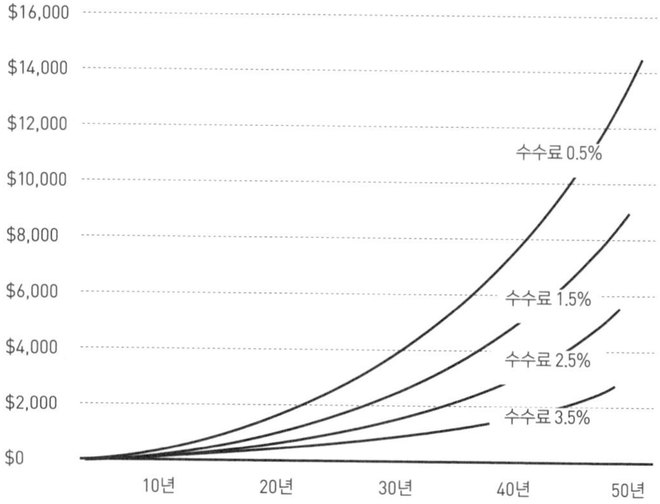

느 순간부터 자산이 기하급수적으로 늘어납니다. 앞서 복리를 제8의 불가사의라고 말했듯이 복리는 엄청난 힘을 가지고 있습니다. 하지만 반대로 비용 역시 복리로 불어난다는 점을 잊으면 안 됩니다. 바로 '복리의 저주'입니다.

TDF펀드는 좋은 투자상품이 맞습니다. 하지만 복리 효과를 깎아먹는 수수료가 ETF에 비해 상당히 높습니다. 대부분 수수료는 1%가 넘습니다. 한국인의 생애주기에 맞춰 투자하는 연금

상품인 만큼 TDF펀드는 최소 5년에서 길게는 30년 이상까지 투자하게 되는 상품 특성상 비용에 해당하는 수수료가 낮으면 낮을수록 좋습니다. 수수료 0.3%p 차이만으로도 노후에 받을 수 있는 연금 규모가 달라지기 때문입니다.

주식과 채권 비중을 알아서 관리해주고 수익률도 적당히 나오는데 수수료 1% 정도면 솔직히 저렴한 것 아닌가? 하는 생각이 들 수 있습니다. 하지만 옆의 그래프를 보면 생각이 달라질 겁니다.

옆의 그래프처럼 수수료 1%p 차이는 엄청납니다. 1,000만원을 30년간 투자한다고 가정했을 때 수수료가 0.5%라면 4,984만 원(수익률 398%)을 얻을 수 있지만, 수수료가 1.5%라면 3,745만 원(수익률 275%)으로 줄어듭니다. 1%라는 작은 숫자가 1,239만 원의 차이를 만듭니다. 원금보다 큰 금액이죠. 수익률은 무려 123%p 차이입니다. 어떤가요? 가랑비에 옷 젖는 줄 모른다는 속담은 이럴 때 쓰는 게 아닌가 싶습니다.

이처럼 우리에게는 수수료를 줄이는 것이 핵심 과제입니다. 하지만 반대로 금융사 입장에서는 수수료가 핵심입니다. '펀드 수수료=금융사 영업이익'이기 때문입니다. 그러다 보니 한번 가입하고 나면 사람들이 대부분 신경쓰지 않고 10년 이상 투자하게 되기 때문에 잠들어 있는 퇴직연금을 TDF펀드로 전환시키기 위해 적극 홍보하는 것입니다. 또한 펀드를 구성해놓은 자산들을 보면 굳이 더 비싼 수수료를 내면서 투자할 필요가 있을까? 싶은 경우가 많습니다. 시중에 판매되는 한 TDF 펀드의 구성 종목들을 살펴보면 다음과 같습니다.

시중에 출시된 한 TDF 펀드의 구성 종목

—

1. **Vanguard Growth ETF:** S&P500에서 성장주를 편입한 ETF
2. **SPDR S&P 500 ETF TRUST:** S&P500 지수추종ETF
3. **Vanguard small-cap ETF:** 미국 주식시장의 소형주를 담은 ETF

6. **Vanguard Value ETF:** 미국 주식시장의 가치주를 담은 ETF

…

8. **iShare JP Morgan USD Emerging Markets Bond ETF:** 신흥국채권 ETF
9. **iShare iBoxx High Yield Corporate Bond ETF:** 미국 회사채ETF

미국 주식시장에서 성장주 담고, 가치주 담고, 소형주 담으면 사실 미국 주식시장 전체에 투자하는 것과 비슷합니다. 그럼 앞에서 계속 이야기했던 S&P500 ETF 하나로 끝낼 수 있습니다.

자산배분 투자라면 서로 다른 방향성을 가진 자산을 섞어 변동성을 줄여줘야 하지만 안전자산의 대표격인 미국채의 비중도 상위에 보이지 않습니다. 8번과 9번의 ETF가 채권이지만 주식과 양의 상관관계인 채권입니다.

안전자산이라면 주식이 폭락하거나 조정을 받을 때 포트폴리오를 방어해주는 자산이어야 하는데 그 역할을 제대로 할 수 있을지, 그리고 이를 통해 펀드의 변동성이 줄어들거나 기대 수익률이 더 높아질지 의문입니다.

물론 개인 투자자들이 점점 똑똑해지면서 앞으로 수수료도 더 저렴하고 깔끔하고 효율적인 TDF펀드도 많이 출시될 것입니다. 하지만 그런 펀드를 일일이 찾아 분석하기도 어렵고 그 펀드가 좋은 펀드라는 판단을 하기도 쉽지 않은 것이 현실입니다.

또 TDF펀드는 매수 · 매도하는 데 상당한 시간이 소요됩니다. 이건 사실 TDF펀드만의 단점이라기보다는 모든 펀드의 특성에 해당하는 사항입니다. 기본적으로 매입할 때는 3~4영업

일이 걸리고 매도할 때는 무려 8~9영업일이 소요됩니다.

아무리 마켓 타이밍을 예상하고 투자하지 않는 상품이라고 해도 노후에 갑자기 많은 연금을 인출해야 하는 경우가 생기거나, 시장 분위기에 맞게 포트폴리오를 수정하기에도 애를 먹을 수 있습니다. 이런 이유들로 인해 서대리는 TDF펀드에 투자하지 않습니다.

TDF펀드에 투자하지 않는 이유

—

1. 좋은 펀드 선정 자체가 어려움
2. 장기투자하기에 수수료가 높음
3. 현금화에 시간이 많이 걸림

안전자산 배분, 어떻게 해야 할까?

앞에서 계속 이야기했던 것처럼 연금저축계좌에서 S&P500 ETF와 나스닥 ETF를 직접 투자하면 됩니다. 다만 주식시장 폭

표 | 자산배분 투자자를 위한 연금저축 ETF 추천 종목

미국지수 ETF (택1)	TIGER 미국 S&P500
	ACE 미국 S&P500
	TIGER 미국 나스닥100
	ACE 미국 나스닥100
안전자산 - 미국채 (택1)	RISE 미국 30년국채액티브
	ACE 미국 30년국채액티브(H)

락 등을 대비해서 안전자산도 일부 투자하고 싶다면 대표적인 안전자산으로 꼽히는 미국채 ETF를 추가하면 됩니다. 이렇게 투자하면 TDF펀드의 단점 3가지를 모두 해결하면서 조금 더 안정적인 연금계좌 운영이 가능합니다.

즉, S&P500 ETF와 미국채 ETF 두 개를 본인의 나이대에 맞게 직접 비중을 조절해서 투자한다면 TDF펀드에 비싼 수수료를 낼 필요 없이 저렴한 수수료로 직접 연금 계좌를 관리할 수 있습니다. 이렇게 하게 되면 비용은 비용대로 아끼고 연금 계좌에 대한 관심이 더욱더 많은 공부로 이어져 다른 재테크에도 좋은 영향을 줍니다.

그래서 주식이 갖고 있는 위험성향을 낮추고 싶은 분들이라면 TDF펀드 대신 위의 미국지수 ETF에다 안전자산인 미국채 ETF를 추가해 연금저축 계좌에서 꾸준히 매수하는 것을 추천합니다.

자산배분 투자의 함정

연금저축 투자에 관심이 많거나 주식투자에 관한 다양한 정보를 습득하신 분들이라면 올웨더 포트폴리오나 여러 가지 자산배분 투자 방법을 접하셨을 겁니다. 올웨더 포트폴리오란 미국의 투자가 레이 달리오가 창안한 투자 방법으로, 상관관계가 낮은 다양한 자산군에 분산투자함으로써 모든 시장 환경에서 사계절 내내 수익을 보장하는 투자 기법을 말합니다.

주식 외에 채권이나 금, 원자재 등 서로 다른 상관관계를 가지는 자산들을 함께 투자하여 포트폴리오의 변동성을 낮추고 안정적인 수익을 내는 것이 핵심입니다. 이 포트폴리오는 2019년과 2020년에 유행처럼 번지면서 연금 계좌에 주식, 채권, 금, 리츠 등의 자산을 함께 투자하는 분들이 늘어났습니다. 실제로 연

표 | 레이 달리오의 올웨더 투자 전략

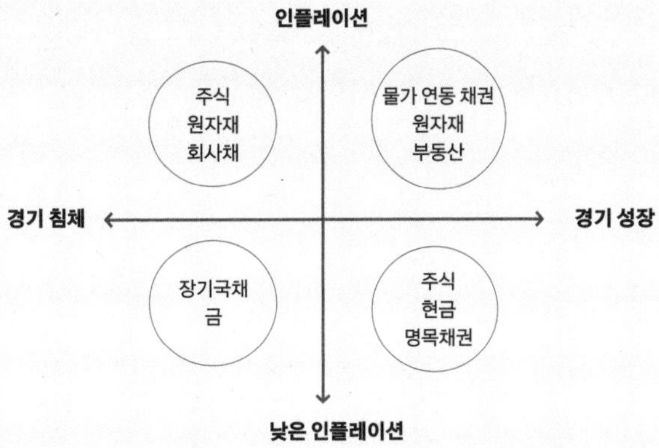

금 계좌 ETF 투자방법과 종목에 대해 검색해보면 10개의 글 중에 7개 이상의 글이 주식 ETF에 채권 ETF, 금이나 원자재 ETF 등을 혼합한 자산배분 투자를 추천하고 있습니다.

안정적으로 연금을 운용할 수 있다는 장점이 있고 마치 금융업 종사자들처럼 전문적인 투자를 하고 있다는 심리적인 효과도 있다보니 서대리 역시 한때 자산배분 투자에 집중했습니다. 그리고 자산배분에 대해 열심히 공부하여 2019년 7월, 연금저축을 자산배분 ETF 투자로 시작했습니다.

하지만 실제로 자산배분 ETF 포트폴리오를 운용해보니 "연금 계좌에서 굳이 자산배분을 할 필요가 없다"는 결론을 내리게 되었습니다. 그리고 연금 계좌 포트폴리오를 전부 뒤집었고 현재 연금 계좌 3대장인 연금저축, 개인형 IRP, 퇴직연금DC형 계좌 모두 주식ETF를 최대로 투자하고 있습니다.

월급을 받을 때마다 연금저축 계좌에 월 적립식으로 투자하고 연금수령까지 20년 이상 남은 2030 직장인 투자자라면 자산배분의 의미가 많이 줄어듭니다.

그렇게 생각하는 첫 번째 이유는 적립식 투자 자체가 리스크를 분산하는 투자방법이기 때문입니다. 자산배분을 하는 이유는 주식과 상관관계가 낮은 자산들에 같이 투자하면서 포트폴리오의 변동성을 줄이고 전체 계좌가 안정적으로 우상향하게 해주기 위함입니다. 또 갑작스러운 주가 하락으로 인한 '뇌동매매'나 급하게 현금이 필요할 때 '눈물의 손절'을 해야 하는 리스크를 줄여줍니다.

그런데 생각해보면 적립식 투자만으로도 변동성 리스크를 줄여줍니다. 바로 매달 분할 매수를 함으로써 자산배분은 아니지만 시점배분이 되는 것이죠. 많은 투자 고수들이 분할 매수를 추천하는 이유 역시 불확실한 주식시장에서 리스크를 줄이기 위함입니다.

연금저축에서 자산배분 투자를 하지 않는 두 번째 이유는 리밸런싱의 어려움 때문입니다. 일단 안전자산이라고 하는 금과 채권 자체의 변동폭도 주식 못지않게 꽤 큽니다. 또한 자산 가격의 움직임도 주식만큼 예측하기 어렵기 때문에 어쭙잖게 리밸런싱했다가 오히려 더 손해를 보기 쉽습니다.

30년 경력의 금융전문가들도 밥 먹듯이 틀리는 곳이 주식시장입니다. 그만큼 난이도가 높다 보니 투자하는 주식의 방향을 한 번만 제대로 맞춰도 부자가 될 수 있는데요. 문제는 주식도 난이도가 이 정도인데 금리나 원자재, 채권, 금과 같은 자산들의 방향성을 제대로 맞추고 투자에 활용하는 것은 더더욱 어렵습니다. 이런 난이도를 잘 알고 있던 피터 린치는 다음과 같은 명언을 남겼습니다.

"누군가 금리를 연속 3번 맞출 수 있다면 그는 억만장자가 될 수 있다."

"연준 의장도 못하는 금리 예측을 여러분이 어떻게 하겠는가?"

특히 2022~2023년 같은 경우는 불패라 여겨졌던 '주식×채권' 조합도 무너지면서 투자상황이 더욱 복잡해졌습니다. 주식이 떨어지면 채권이 올라서 변동성을 줄여줘야 하는데 오히려 둘 다 떨어지면서 투자자들을 혼란에 빠트렸습니다. 그러다 보니 자산배분 투자방식도 바뀌어야 한다는 이야기도 나오기 시작했습니다.

하지만 이처럼 시대에 따라 자산배분 전략 역시 바뀌어야 한다면 자산배분 자체가 오히려 더 위험한 투자방법 아닐까요? 굳이 자산배분 투자를 했는데 예전처럼 하락장에서는 주가 방어가 안 되고 상승장에서는 수익률이 훨씬 낮을 경우가 생길 수 있기 때문입니다.

또한 주식의 헤지자산인 안전자산을 언제 팔아야 하는지도 어려운 문제입니다. 간단하게 금을 예로 들어보겠습니다. 주식이 많이 떨어지고 금값이 많아 올라 리밸런싱을 하기 위해 금을 팔고 주식을 더 샀다고 가정해보겠습니다. 이때 타이밍 좋게 금값은 떨어지기 시작하고 주식은 회복한다면 완벽한 리밸런싱이 됩니다. 하지만 반대로 금값이 더 오르고 주식은 더 떨어진다면 정신적 충격은 그냥 주식이 떨어진 것보다 심할 것입니다.

물론 요즘 재테크나 금융 관련해서 워낙 양질의 정보가 많다 보니 투자자들이 판단할 근거가 많습니다. 테이퍼링 시작시점, FED베이지북, 주요 국가별 실업률, 소비자물가지수 등 심지어 미국 연준 의장 인터뷰 일정들도 다 숙지하고 시장에 대응하는 투자자들이 많습니다. 당연히 다 알고 대응할 수 있으면 좋습니다. 하지만 저를 포함한 대부분의 직장인들이 이처럼 수많은 정보를 가지고 올바른 방향으로 투자하는 것은 쉽지 않습니다. 그리고 이런 정보들이 제 귀에 들어왔다는 것 자체가 대응하기에는 너무 늦은 시점이라는 뜻일 수도 있고요.

하지만 그렇다고 수익을 포기할 수는 없습니다. 그러니 더더욱 '주식' 하나에 집중해야 합니다. 장기투자를 했을 때 기대수익률이 가장 크고 우상향을 기대할 수 있는 핵심자산이기 때문입니다. 또한 그나마 주식은 메커니즘도 단순한 편입니다. 주가는 여러 번 설명했듯이 실적인 EPS와 기대감(프리미엄)인 PER의 곱입니다.

주식가격은 투자한 기업이나 국가의 가치를 뜻하기 때문에 내가 투자한 기업 또는 투자한 국가가 돈을 잘 벌고 경쟁력이 좋으면, 그리고 앞으로도 기대가 된다면 주가는 결국 오를 수밖에 없습니다. 그래서 서대리는 '주식'에 집중하는 게 직장인 개인투자자에게 가장 좋은 투자방법이라고 생각합니다. 그래서 자산배분 대신 주식자산으로만 투자하고 있습니다.

그래도 주식만 투자하는 것이 걱정된다면 현금이나 KODEX 단기채권 같은 ETF를 일정 비중 보유하는 것도 한 가지 방법입니다. 최근에는 주가가 오르는 만큼 수익을 얻는 파킹형 ETF 상품도 출시됐습니다. 파킹통장처럼 하루 단위로 이자가 지급되는 ETF 상품으로, 자금의 입출금이 자유로워 현금 대신 괜찮은 선택지입니다(RISE 머니마켓액티브, ACE단기채권알파, TIGER CD금리투자KIS 등의 상품으로 출시).

자산배분 투자를 하지 않는 마지막 이유는 장기투자할 경우 주식은 위험자산이 아니라 안전자산으로 변하기 때문입니다. 앞서 98쪽의 그래프처럼 1871~2020년 사이, S&P500 ETF에 투자했다고 가정해보겠습니다. 투자한 지 1달이 지난 상태라면 수익률이 마이너스일 확률이 39.3% 입니다. 3달이 되면 37.1%, 1년이 되면 30.9%가 됩니다. 이미 1년만 투자해도 잃을 확률이 31% 정도밖에 안 됩니다. 그런데 투자기간을 3년, 5년, 20년으로 더 늘려본다면 돈을 잃을 확률은 더욱 확실하게 낮아집니다. 20년 투자하면 그 확률은 무려 0.1%입니다.

반대로 이야기하면, 20년 이상 투자했을 때 돈을 잃지 않고 벌 확률은 99.9%가 된다는 의미입니다. 즉, 투자 후 보유기간이 짧을수록 마이너스 수익률을 기록할 가능성이 크지만, 장기투자할수록 승률은 절대적으로 높아집니다.

또한 연금저축 계좌에서 투자할 수 있는 종목은 ETF나 펀드 등으로 한정되어 있습니다. 국내 우량주나 애플, 마이크로소프트, 테슬라 등 개별 종목에는 투자할 수 없습니다. 이러한 제도 덕분에 연금저축 투자자들은 주가 하락기에 개별 종목의 수익률이 곤두박질치는 리스크에서 비교적 자유롭습니다.

20년 전 시가총액 상위 기업들 중 많은 수가 역사 속으로 사라지거나 순위에서 밀려났지만 주식시장 자체는 꾸준히 상승하고 있습니다. 실제로 2002년 S&P500 지수는 1,100대였는데, 2024년에는 5,400이 넘었습니다. 앞으로도 수많은 기업들이 탄생했다가 사라지겠지만 그 무대인 주식시장만큼은 지금처럼 우상향할 것이기 때문에 걱정할 필요가 없습니다.

그래서 연금수령까지 20년 이상 남은 분들이라면 자산배분보다는 매달 적립식으로 주식 ETF만 매수해도 충분합니다. 투자할 당시 주가 하락으로 손실이 발생하는 것은 분명 가슴아픈 일이지만 다음 달의 나와 그 다음 달의 내가 월급을 투입해서 저렴하게 주식을 사면 됩니다. 그리고 기다리면 됩니다.

4050의 연금 투자 전략

2030세대와 다르게 연금을 수령하기까지 시간이 풍족하지 않은 4050세대도 주식 100% 적립식 투자가 좋은 선택일까요? 아니면 최대한 보수적인 자산배분 투자가 좋을까요?

사실 이에 대한 정답은 아무도 모릅니다. 연금·노후 관련 전문가들도 항상 의견이 갈리는 주제입니다. 다만 많은 분들께서 '4050세대도 주식 100%로 연금 투자해야 한다'는 주장이 우려스러울 수도 있을 테니 먼저 이에 대한 근거부터 소개하겠습니다(편의상 위험자산파라고 부르겠습니다).

위험자산파는 나이에 상관없이 주식투자 비중을 최대로 높여서 운용해야 한다고 주장합니다. 그리고 이렇게 주장하는 핵심 근거는 '국민연금'입니다. 실제로 국민연금에 꾸준히 납입한 분들이라면 월 90만 원 정도를 수령할 수 있습니다.

"아니, 국민연금을 한 푼도 못 받을 수 있다고 하는데 이게 무슨 소리야?"하실 수도 있겠지만 국민연금 고갈론은 안타깝게도 90년생 이후에 발생할 수 있는 문제입니다. 실제로 2010년 국가부도로 최악의 사태를 맞은 그리스도 수익비 구조를 바꾸어 연금을 지급하고 있습니다. 단 소득대체율이 90%에서 60%로

그림 | 연금의 안전성

떨어졌습니다. 현재까지 공적연금을 도입한 국가 중에서 연금 지급이 중단된 곳은 한 곳도 없습니다.(참고 "그리스는 국민연금 지급 중단? 온라인 속 정보들 살펴보니", JTBC 2018. 8. 20.)

4050세대는 국민연금 고갈의 직격탄을 맞는 세대는 아닙니다. 현재 40대 이상인 분들에게는 국민연금이 매우 소중한 노후 현금흐름 역할을 할 것입니다. 물론 국민연금 자체만으로 생활비 전체를 커버할 수 없겠지만 국민연금은 사망 시까지 수령이 가능하고 물가상승률에 맞춰 수령액도 변동되기 때문에 "국민연금은 사실상 안전자산인 채권을 보유한 것과 같다"는 주장이 위험자산파 주장의 핵심입니다.

국민연금 외에 퇴직연금도 있기 때문에 국민연금을 안전자산인 채권이라 생각한다면 노후 준비 자산의 상당 부분이 안전자산으로 이루어진 포트폴리오가 됩니다.

뒤에서 조금 더 자세히 다루겠지만 퇴직금을 DC형으로 투자하더라도 총 자산의 30%을 안전자산으로 채워야 합니다. 이미 매우 안정적인 포트폴리오이기 때문에 굳이 더 안전자산을 높일 필요가 없습니다.

또한 연금저축은 급하게 돈을 써야 하는 게 아니라면 최소 10년에 걸쳐서 지급받기 때문에 연금수령을 시작해도 '10년'은 더 운용해야 합니다. 그러면 당연히 투자기간도 더 늘어나게 되죠. 이런 상황에서 안전자산 비중이 너무 높다면 10년이라는 긴 투자 기회를 포기하는 것이기 때문에 연금 계좌의 주식 비중을 최대한 채워야 한다는 의견입니다.

그리고 이렇게 국민연금 월 수령액을 노후 준비자산으로 생각하면 노후에 필요한 월 생활비 목표가 확 줄어듭니다. 전체 자산의 4% 이내로 매년 인출해서 쓴다면 자산이 줄어들지 않는다는 '4%의 법칙(218쪽에서 자세히 설명)'을 통해 노후에 필요한 연금 계좌 목표를 계산해보겠습니다. 필요한 노후생활비가 월 200만 원이라면 이론상 계좌에 6억 원 이상이 있어야 합니다 (4%의 법칙 적용 시 월 200만 원×12개월÷4% = 6억 원).

하지만 국민연금으로 매월 50만 원씩 받으면, 내가 별도로 확보해야 하는 생활비는 월 150만 원이 되고, 4% 법칙에 따라 모아야 하는 금액은 4억 5천만 원입니다. 즉, 국민연금 월수령액 덕분에 모아야 하는 돈이 1억 5천만 원이나 줄어드는 것이죠.

이처럼 국민연금을 활용하면 연금저축 계좌에 모아야 하는 돈이 확실히 줄어듭니다. 이에 따라 월 투자금을 줄이거나, 목표 연평균 수익률을 낮출 수 있기 때문에 이 방법으로도 본인의 노후 계획을 한번 세팅해보는 것을 추천합니다.

50대 이상을 위한 필수 ETF 3

앞에서 설명한 이 투자방법을 그대로 적용하기 어려운 경우가 있습니다. 바로 연금수령이 얼마 안 남은 50대 이상이면서 국민연금 수령액이 적은 분들입니다. 아무래도 곧 연금으로 생활비를 사용해야 하기 때문에 수익률보다는 안정성이 더 중요할 수밖에 없습니다.

S&P500 ETF 투자를 통해 시뮬레이션대로 매년 7~8% 수익률이 나오면 좋겠지만 분명 2020년과 같은 폭락이 언젠가 한 번 이상은 찾아올 것이고 그때가 하필 연금수령을 시작하는 시

점이라면 심각한 상황이 될 수 있습니다. 10년 동안 꾸준히 모았던 수익이 대폭락 한 번에 날아갈 수도 있으니까요.

게다가 연금을 수령하기 시작하면 투자하고 있던 ETF나 펀드를 매도해서 생활비로 쓰는 구조이다보니 상승장으로 전환됐을 때 투자 규모가 줄어들어 회복력도 떨어지는 아쉬운 상황이 펼쳐질 수 있습니다.

실제로 주식시장에서 5% 이상 하락은 생각보다 정말 자주 있고 10% 이상 하락 역시 명절처럼 매년 찾아온다고 봐야 하기 때문에 연금수령자에게 변동성은 큰 문제입니다. 게다가 10% 이상 하락하는 날이 설날처럼 날짜가 정해져 있으면 좋겠지만 언제 찾아올지 알 수 없다는 것도 문제입니다. 하지만 우리의 노후를 무작정 하늘에 맡길 수는 없습니다.

그렇기 때문에 연금수령이 얼마 안 남은 50대 투자자가 지금부터 연금 투자를 준비한다면 자산배분 투자를 통한 안정적인 투자를 적극적으로 고려해야 합니다.

연령이 올라갈수록 안정적인 현금흐름이 필요한데 주식 비중이 높으면 연금 계좌의 변동성이 커질 것이고 이는 매월 꾸준한 연금수령에 영향을 줄 수밖에 없습니다. 그렇기 때문에 변동성이 적은 안전자산(국채나 달러 같은 현금, 금 등) 비중을 늘려 기대수익률은 낮추고 안정감은 높이는 전략을 구사해야 합니다.

사실 이 이야기는 앞서 언급한 TDF펀드의 핵심 원리입니다. 연령별 TDF펀드 포트폴리오를 살펴보면 연령대가 올라갈수록 위험자산인 주식이나 주식혼합 비중은 낮아지고 안전자산인 채권 비중이 올라가는 것을 알 수 있습니다. 그래서 앞에서 설명했던 것처럼 S&P500 ETF와 미국채권 ETF, 금 ETF 이 3가지 ETF로 나만의 TDF펀드를 만들어서 투자를 하면 됩니다. 이것저것 담을 필요 없이 3개 ETF만 담아도 충분합니다.

지금까지 연령대별 투자자를 위한 자산배분 투자와 주식 집중투자, 두 가지 방법과 그 이유를 살펴봤습니다. 어떤 방법이 더 좋을지, 그리고 지금 나에게 잘 맞는 투자방법이 무엇일지는 본인만 알 수 있습니다. 사람들마다 자기한테 잘 어울리는 옷이 있는 것처럼 투자방법 역시 마찬가지기 때문입니다.

그렇기 때문에 하루라도 일찍, 다양한 투자방법을 직접 적용해보시고 본인한테 잘 맞는 투자방법을 선택하길 바랍니다.

이 책에서 소개한 방법들과 실제 서대리가 투자하는 종목들 역시 수많은 투자법을 직접 시도해본 후 누구나 쉽고 간단하게 노후를 준비할 수 있는 방법으로 조금씩 수정한 것입니다. 마찬가지로 여러분도 이 책을 읽고 나서 본인에게 잘 맞는 투자방법으로 조금씩 바꿔나가면 더욱 마음 편하게 장기투자하실 수 있을 겁니다.

다만 투자가 익숙하지 않은 분들이라면 위험자산파와 안전자산파 중 어떤 방식이 나에게 적합한지 판단하기 어려울 것입니다. 저 역시 현재 자금상황과 가치관에 맞는 투자방법을 결정하기까지 오랜 실험이 있었기 때문에 잘 알고 있습니다. 그리고 그 과정에서 적지않은 수업료를 내기도 했고요.

다만 4050의 경우, 이 책의 주제인 "연금자산 복리로 불리기"의 가장 중요한 변수인 시간이 상대적으로 부족합니다. 그래서 의사결정 1번 기준을 철저하게 '정기적인 현금흐름 규모'로 선택해야 한다고 봅니다. 위험자산파의 국민연금처럼 노후에 월급 외 현금흐름이 어느 정도인지 계산해보고 이를 통해 방향을 세팅하는 것입니다.

현금흐름이 어느 정도 확보되어 있고 추가로 필요한 노후 월 생활비가 크지 않다면 안전자산파의 투자방법이 좋습니다. 반대로 노후 준비가 많이 부족한 상황이라면 일정 부분 리스크를 감수해야 하는 투자선택지만 남게 됩니다.

그래서 이 책을 보고 나서 '연금저축 계좌에 ETF를 투자했으니 이제 시간이 지나면 노후준비 끝이다'라는 생각보다는 작은 돈이라도 노후에 현금흐름을 만들 수 있는 방법을 고민해보시기 바랍니다. 저도 주식, ETF 등 시세차익을 통한 자산불리기 뿐만 아니라 배당금, 부업, 월세처럼 다양한 현금흐름(파이프라인)을 만들고 있습니다. 물론 월급 외 파이프라인만으로 월 200~300만원 정도 벌 수 있다면 아무 걱정이 없겠죠. 하지만 직접 해본 분들은 아시겠지만 월 수입 30만 원, 50만 원 늘리기도 정말 쉽지 않습니다. 그럼에도 ETF 투자와 별개로 다양한 현금흐름을 조금씩 만들어둔다면 노후준비 난이도는 현금흐름 규모에 반비례하여 확 떨어질 것입니다.

노후에 필요한 월 생활비가 200만 원이라고 가정했을 때, 현금흐름이 0원이라면 최소 6억 원이 필요하지만, 현금흐름이 50만 원만 있어도 필요한 자산은 4억 5천만 원으로 확 줄어듭니다. 현금흐름이 100만 원 확보되었다면 3억 원만 있어도 노후에 필요한 생활비를 확보할 수 있게 됩니다(세전).

예전에는 한 가구에서 한 명만 돈을 벌어도 생활이 됐지만, 이제는 맞벌이가 거의 필수입니다. 거기다 한발 더 나아가 부업마

저 당연시되는 사회가 되었습니다. 시간이 흐를수록 삶의 난이도가 올라가기 때문에 주식에만 너무 노후를 맡기지 말고 소득도 다각화하는 노력도 필요합니다.

5

IRP와 ISA로 노후연금 확장하기

짧게는 10년, 길게는 30년 이상 열심히 일하고 마주한 노후는 지금보다 여유 있는 삶이길 바랄 것입니다. 앞장에서 소개한 것처럼 연금저축 계좌에 한 달에 30만 원씩 투자해도 평균 이상의 노후를 보낼 수 있습니다.

이번 장에서는 연금저축과 함께 준비하면 큰 도움이 되는 계좌인 IRP와 퇴직금, ISA의 투자 운영 방식을 소개합니다. 서대리 역시 더욱 여유로운 노후를 누리기 위해 이번 장에서 소개할 계좌들을 활용하고 있습니다.

IRP, 왜 직장인들에게 필수 상품일까?

연금저축에 세액공제를 위해 연 600만 원을 투자를 한 후 추가로 노후 준비를 하고 싶은 분들이라면 개인형 IRP를 함께 운영하길 바랍니다.

연말이 되면 증권사나 은행에서 세액공제용으로 개인형 IRP 계좌를 홍보하는 모습을 자주 보셨을 텐데요, 이처럼 개인형 IRP도 연금 계좌의 한 종류이기 때문에 기본적으로 연금저축과 거의 동일한 특징과 혜택을 제공합니다.

차이점은 관리·감독하는 정부 부처와 법령이 다르다는 점입니다. 연금저축은 금융위원회에서, IRP는 고용노동부에서 관리·감독합니다. 연금저축은 개인이 자유롭게 운용할 수 있지만 IRP는 고용노동부에서 관리하는 만큼 퇴직금의 개념으로 이해하면 쉽습니다. 실제로 퇴직금은 마음대로 꺼내 쓰기 어려운 것처럼 IRP도 여러 제약 사항이 있습니다.

개인형 IRP는 개인형 퇴직연금(Individual Retirement Pension)의 약자로, 쉽게 이야기하면 직장인이 퇴사나 이직할 때 받는 퇴직금을 넣어두는 계좌입니다. IRP 계좌에서 직접 퇴직금을 운용(투자)할 수 있고, 추후 연금으로 인출 시 세금 혜택을 주고 있습니다. 직장인이 퇴직금을 자신 명의의 퇴직 계좌에 적립해 연금 등 노후자금으로 활용할 수 있게 하는 제도입니다.(직장인뿐 아니라 자영업자도 개설 가능.)

표 | **연금저축과 IRP의 공통점과 차이점**

구분		연금저축	IRP
공통점	납입 한도	연간 1,800만 원 (최대 세액공제 가능 조합: 연금저축 월 50만 원+IRP 월 25만 원)	
	세액공제율	13.2~16.5%	
	연금 수령 시 적용 세금	연금소득세 3.3~5.5%	
	연금수령	만 55세 이상, 최소 5년 이상 보유	
	중도 해지 시	16.5% 기타소득세 발생	
차이점	가입 자격	누구나 가능	근로소득자나 자영업자 등 소득이 있는 사람
	세액공제 한도	600만 원	900만 원 (연금저축에 600만 원 입금 시 300만 원)
	상품 운용	ETF, 펀드, ELS, 선물파생형 ETF 투자 가능. 레버리지, 인버스, 상장인프라 펀드, 리츠 투자 불가	예금, ETF, 펀드, ELS, 리츠 투자 가능. 레버리지, 인버스, 선물파생형 상품 투자 불가
	투자 제한	없음	안전자산(예금 · 적금 등) 30% 필수, 위험자산인 주식형 자산은 70%까지만 가능
	계좌 수수료	없음 (개별 상품에 따른 수수료만 존재)	퇴직연금 수수료 있음 (운용관리수수료와 자산관리수수료로 0.2~0.5% 수준)
	담보 대출	가능	불가능
	감독 기관·법령	금융위원회, 자본시장과 금융투자업에 관한 법률	고용노동부, 근로자퇴직급여보장법

2022년 4월 14일부터 직장인이 이직하거나 퇴사할 때 나오는 퇴직금은 무조건 개인형 IRP 계좌로 지급받아야 하는 것으로 바뀐 만큼 이제 직장인들에게 IRP 계좌는 선택이 아닌 필수입니다(퇴직금을 사용하려면 IRP 계좌를 개설해 퇴직금을 받은 다음 계좌를 해지해야 합니다).

보통 이직할 때 IRP 계좌에 들어온 퇴직금을 바로 해약해서 쓰는 경우가 많습니다. 그러나 꼭 필요한 돈이 아닐 경우 IRP 계좌에 입금하고 쭉 투자하면 세제 혜택을 보며 노후 준비도 알차게 할 수 있습니다.

IRP의 혜택을 알아보자

IRP 계좌에 입금한 금액에 대한 세액공제 비율은 연금저축과 동일한 13.2~16.5%입니다(연봉에 따라 다름). 대신 개인형 IRP는 납입한 금액 중 연간 900만 원까지 세액공제 혜택을 받을 수 있다는 장점이 있습니다.

하지만 한 가지 기억하셔야 할 점은 연금저축과 IRP 계좌 입금액을 합해서 연 900만 원까지 세액공제가 된다는 점입니다.

때문에 세액공제 혜택을 모두 챙겨 받고 싶은 분들은 IRP 계좌에만 900만 원을 전부 납입하거나, 연금저축에 600만 원 이내로 입금하고 나머지 300만 원을 IRP 계좌에 입금하는 전략을 구사하면 됩니다. 1년에 받을 수 있는 연금 계좌 관련 세액공제 입금한도는 '총 900만 원'이라는 사실을 꼭 기억해주세요.

서대리의 경우 '연금저축 600만 원 + 개인형 IRP 300만 원' 조합을 선호하는데요. 이유는 뒤에서 조금 더 자세히 설명하겠습니다.

또한 개인형 IRP 계좌는 연금저축과 동일하게 과세이연 혜택도 있습니다. 국내상장 해외ETF를 매도할 때, 발생하는 수익과 ETF분배금에 부과되는 배당소득세 15.4%를 떼지 않고 고스란히 계좌로 100% 들어옵니다. 그리고 연금저축과 마찬가지로 만 55세 이후부터 연금으로 수령할 수 있으며, 연금수령 나이에 따라 3.3~5.5%가 과세되는 구조입니다.

연금저축과 거의 똑같다고 보면 됩니다. 그래서 개인형 IRP로도 연금저축과 동일한 방식으로 투자하면서 노후 연금자산을 효율적으로 키울 수 있습니다.

하지만 만약 IRP를 중도해지하는 경우 연금저축처럼 세액공제 받았던 납입금과 운용수익에 대하여 기타소득세 16.5%가 부과되니 무작정 혜택만 생각해서 입금하고 투자하는 것은 좋은 선택이 아닙니다. 최소 10년 정도 투자하는 계좌인 만큼 연금저축과 마찬가지로 앞에서 언급한 질 좋은 돈들, 사용기한이 없는 돈으로 엄선하여 투자하시기 바랍니다.

연금저축과 IRP의 차이점

그렇다면 왜 쓸데없이 연금저축과 개인형 IRP라는 이름으로 계좌를 분리해뒀을까요? 두 계좌가 똑같아 보이지만 자세히 들여다보면 확실한 차이점이 몇 가지 있습니다. 일단 개인형 IRP도 연금 계좌이긴 하지만 '퇴직'연금 계좌의 일종입니다. 그래서 퇴직연금과 관련된 몇 가지 제한사항이 있습니다.

1. 투자 가능한 금융상품이 다르다

첫 번째 차이점은 투자할 수 있는 금융상품 종류가 다릅니다. 옆의 그림에서 볼 수 있듯이 IRP 계좌에서 투자할 수 있는 ETF는 연금저축에서도 전부 투자할 수 있지만 연금저축에서 투자할 수 있는 ETF 중 일부는 IRP 계좌에서 투자할 수가 없습니다.

표 | 연금저축과 IRP별 매수 가능한 금융상품 종류

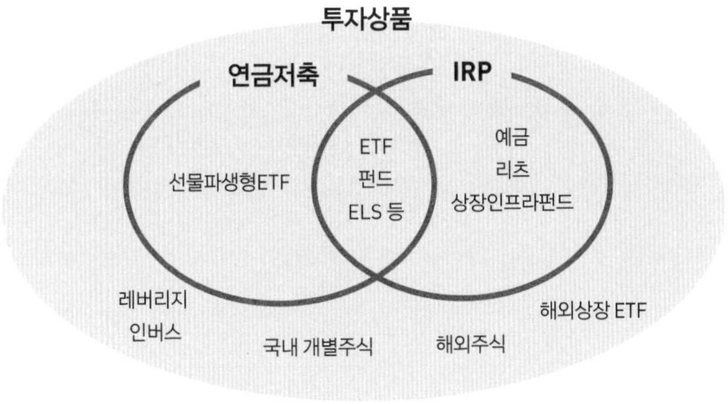

IRP가 더 보수적입니다.

단적인 예로 IRP 계좌에서는 파생상품 위험평가액 비중이 40%를 초과하는 선물추종 ETF는 매수할 수 없습니다. 선물은 주로 석유나 금속, 채권 등을 거래할 때 활용하는 방식으로 상대방에 문제가 생겼을 때 회수하기 어려운 위험이 있기 때문입니다. ETF 이름에 '선물'이라는 단어가 들어간 ETF는 IRP에서 투자가 불가능합니다. 대신 연금저축에서는 투자가 가능합니다.

그러다 보니 자산배분 포트폴리오를 IRP 계좌에서는 완벽하게 구사할 수 없습니다. 대표적인 안전자산으로 꼽히고 현재 한국시장에 상장된 미국채 ETF와 금ETF는 전부 선물상품밖에 없기 때문입니다.

반면 연금저축 계좌에서는 ETF 투자종목 제한이 거의 없습니다. 레버리지와 인버스 ETF를 제외하면 모든 국내상장 ETF를 계좌에 담을 수 있기 때문에 연금저축에 투자하는 것이 조금 더 자유롭게, 자신만의 투자 아이디어나 전략을 바탕으로 포트폴리오를 구축할 수 있다는 장점이 있습니다(IRP도 레버리지와 인버스는 투자 불가입니다). 그렇기 때문에 연금투자를 고려하시는 분들이라면 연금저축 계좌부터 먼저 채우고 여유자금으로 IRP를 투자하는 것을 추천합니다.

2. 주식 같은 위험자산 비중은 70%로 제한

두 번째 차이점은 위험자산 비중 제한 제도입니다. 안정성을 위해 퇴직연금의 연장선상인 개인형 IRP 계좌도 위험자산에 100% 투자할 수 없다는 규정이 있습니다. 나라에서는 국민연금 다음으로 퇴직연금을 국민들의 노후를 위한 최후의 보루로 생각하는지 많은 혜택을 주며 가입을 장려하는 듯합니다. 그래서 연금저축보다 규정 면에서 더 보수적입니다.

그래서 IRP 계좌는 주식형 ETF나 펀드, 리츠 등 위험자산 비중이 전체의 70%가 넘으면 추가 매수 자체가 불가능합니다. 만약 주식형 자산을 더 사고 싶으면 계좌 총금액의 30% 이상을 예금과 같은 안전자산으로 채워야 합니다. 즉, IRP는 내 돈을 내가 원하는 대로 투자하지 못하는 제한이 있는 것입니다.

참고로 안전자산은 단어 그대로 적금이나 예금, 단기채권같이 누가 봐도 원금손실 위험이 거의 없어 보이는 자산을 의미합니다. 지금과 같은 인플레이션 시대에 가만히 원금만 지키는 것이 더 큰 위험이라고 생각하지만 제도가 이렇게 되어 있기 때문에 개인투자자가 맞춰야 할 부분입니다.

안전자산 30% 규정 때문에 실제로 IRP를 운영하다 보면 답답한 상황이 생각보다 자주 펼쳐집니다. 일단 투자를 하기 위해 입금을 해도 주식형 ETF를 원하는 만큼 매수하지 못할 수 있습니다. 기존에 투자하고 있던 주식형 ETF 가격이 올라서 위험자산 비중이 70%가 넘어버리면 아예 투자 자체가 안 되기 때문입니다.

2020년 3월, 전 세계 주식시장이 코로나 팬데믹으로 인해 대폭락했을 때, 서대리는 나스닥 ETF를 매수하려고 했습니다. 이때 개인형 IRP 계좌에 폭락한 TIGER 미국 나스닥100 ETF를 추가 매수하기 위해 안전자산을 팔고 나스닥 ETF에 물타기하고 싶었지만 원하는 만큼 매수하지 못했습니다. 안전자산 30%를 유지해야 하는 규정 때문에 대폭락을 대비해서 현금을 가지고 있어도 저점매수 전략을 취할 수가 없기 때문이죠.

이처럼 개인형 IRP는 투자종목도 제한되고 마음대로 리밸런싱하는 것도 어렵기 때문에 연금저축보다 운영하기 까다롭습니다. 거기다 '안전자산 30% 제한' 규정으로 같은 돈을 투입하더라도 연금저축에 비해 기대수익률이 낮아질 수밖에 없습니다.

이와 같이 여러 가지 제한이 있는 개인형 IRP지만 "개인형 IRP는 투자하면 안 되겠다"고 생각할 필요는 없습니다. 일단 연간 세액공제 한도를 총 900만 원까지 늘릴 수 있다는 사실만으로도 혜택이 크기 때문입니다. 그리고 안전자산 30%로 인한 투자 제한도 몇 가지 방법을 통해 보완할 수도 있습니다. 이에 대한 내용은 이번 장 뒷부분에서 자세히 소개하겠습니다.

연금투자로 최고의 수익률을 올릴 수 있는 테크트리는 여유자금이 있다는 전제 하에 우선 연금저축에 600만 원을 입금하고 여력이 되면 300만 원은 개인형 IRP에 입금합니다. 그리고도 여유자금이 있다면 다시 연금저축에 입금하여 연간 1,800만 원까지 투자하는 것이 자본주의 세상에서 내 돈을 100% 일할

표 | 연금 계좌별 운영 포트폴리오

연금저축	S&P 500 ETF 100%(또는 나스닥 ETF 혼합)	
IRP	S&P 500 ETF 70%	안전자산 30%

수 있게 만드는 최고의 연금 레시피입니다.

참고로 제가 추천하는 개인형 IRP 투자 구성은 앞에서 소개한 연금저축 투자 방법과 동일합니다. S&P500 ETF와 나스닥 ETF 위주로 투자하고 안전자산 30%만 연금저축들과 다르게 운영합니다.

IRP 계좌를 2개 만들어야 하는 이유

IRP에 투자하기로 결심했다면 계좌는 2개 이상 만들어서 관리하는 것을 추천합니다. 특히 직장인이라면 IRP 계좌 2개는 필수인데요. 왜 굳이 귀찮게 개인형 IRP 계좌를 2개 만들어서 관리해야 할까요? 그 이유는 IRP의 중도인출 문제 때문입니다. 연금저축과 다르게 IRP는 기본적으로 부분인출이 불가능합니다. 계좌 자체를 해지하여 전부 받는 것만 가능합니다.

1년 이상 근무한 직장인이 퇴직하면 받는 퇴직금은 무조건 개인형 IRP 계좌로 입금됩니다. 이때 세액공제를 위해 여유자금으로 투자하던 IRP 계좌에 퇴직금도 넣었다가 나중에 돈이 필요해서 퇴직금만 빼려고 하면 문제가 발생하는데요. 계좌 자체가 해지되면서 퇴직금뿐 아니라 그동안 세액공제 받았던 원금과 수익들도 전부 강제로 인출되기 때문입니다. 이 과정에서 연금저축 중도인출과 마찬가지로 16.5%의 기타소득세가 부과됩니다.

만약 연봉이 5,500만 원 초과인 분들이라면 납입한 원금에 대해 13.2%의 세액공제를 받았을 텐데 IRP 계좌를 해지하면 원금의 16.5%를 기타소득세로 내야 하기 때문에 오히려 손실을 보게 되는 구조입니다.

가령 하나의 IRP 계좌에 ① 직접 납입하여 세액공제를 받은 돈 1천만 원과 ② 퇴직금으로 받은 3천만 원, 총 4천만 원이 있다고 가정해보겠습니다. 근데 개인적인 사정으로 퇴직금 3천만 원을 인출하려고 하면 퇴직금 3천만 원은 퇴직소득세를 떼고 받을 수 있지만, 그동안 세액공제 받았던 1천만 원도 16.5%의 세금을 떼고 무조건 함께 받아야 합니다. 이 과정에서 기타소득세만 무려 165만 원을 내야 합니다.

물론 하나의 IRP 계좌를 이용하면서 연금으로 받을 때까지 깨지 않고 운영할 수 있다면 전혀 문제가 없습니다. 오히려 하나의 IRP 계좌로 관리할 수 있으니 단순해서 좋습니다.

하지만 인생은 계획대로 되지 않습니다. 10~20년 장기투자하겠다고 다짐했지만 중간에 팔아야 하는 일이 생길 수도 있는 것처럼 IRP 계좌도 마찬가지입니다. 전혀 예상하지 못했던 일들로 인해 목돈이 필요할 수 있고 그럴 경우 눈에 들어오는 돈은 주로 퇴직금이나 연금 계좌입니다. 이때 필요한 돈만큼 빼서 쓰는 것은 어쩔 수 없지만 혜택본 것 이상으로 많은 돈이 인출되고 그 과정에서 손실을 보는 일은 피해야 합니다.

이처럼 퇴직금만, 또는 일부만 빼서 쓰고 싶은데 계좌 전체를 해지하며 그동안 받았던 혜택보다 더 토해내는 사태를 최소화하고 싶다면 IRP 계좌를 두 개 이상 운영하면 됩니다. 하나는 세액공제 혜택을 받고 투자하기 위한 IRP 계좌, 다른 하나는 퇴직금만 받아서 투자를 이어나가는 IRP 계좌로 말이죠.

이렇게 계좌를 나눠서 관리하면 목돈이 필요하여 IRP 계좌를 해지할 때 리스크를 최소화할 수 있습니다. 하나를 해지해도 나

표 | 여러 개 만든 IRP 계좌, 특성에 따라 관리하는 법

계좌	세부 내역	중도인출 시 세금	중도인출 시 해지 우선순위
IRP 1	세액공제 받은 원금	기타소득세 16.5%	3위
IRP 2	세액공제 받지 않은 원금	별도 세금 없음	1위
IRP 3	퇴직금	퇴직소득세 (근속기간과 퇴직금에 따라 다르지만 대략 퇴직금의 5~20%선)	2위 (퇴직소득세 세율에 따라 변동)

머지 계좌는 유지되기 때문입니다.

특히 IRP 계좌를 적극적으로 활용하시는 분들이라면 3개까지 나눠서 관리하는 것을 추천합니다. 기본적으로 개인형 IRP에 들어온 돈들은 그 배경에 따라 각각의 이름표가 붙습니다. 그리고 이 이름표에 따라 IRP 계좌에서 인출할 때 내야하는 세금이 다른데요. 그래서 위의 표를 기준으로 IRP 계좌를 필요한 만큼 나눠서 관리하면 예기치못한 인출로 인한 세금부담을 최소화할 수 있게 됩니다.

위의 표처럼 1번 IRP 계좌에서는 직접 입금하여 세액공제받은 원금으로만 투자하고 2번 IRP 계좌는 직접 입금했지만 세액공제 받지 않은 원금으로만 투자를 합니다. 마지막으로 3번 IRP

표 | 연금계좌별 중도(일부) 인출 가능 여부

구분	6개월 이상 요양/ 의료비	3개월 이상 요양/ 의료비	개인회생 파산선고	천재지변	사회적 재난(특별재난지역)	사망 해외이주	무주택자 주택 구입/ 전세 보증금	기타 다양한 사유
IRP	○	×	○	○	○	×	○	×
연금저축	○	○	○	○	○	○	○	○
적용 세율	연금소득세(3.3~5.5%)						기타소득세(16.5%)	

계좌는 퇴직금만 받아서 관리하는 것이죠.

그리고 이렇게 계좌를 나눠서 관리하면 먼 미래에 연금을 수령할 때도 도움이 됩니다. 수령할 때도 돈에 붙은 이름표에 따라 세금이 달라지는 만큼 계좌를 나눠서 관리하면 세금 계산하기도 쉽기 때문입니다.

다만 개인형 IRP에 있는 돈을 연금 수령 전에 인출한다고 해서 무조건 계좌 전체가 해지되는 것은 아닙니다. 그래도 규정에 나름 인간미(?)가 있어서 위의 표처럼 중도(일부)인출할 수 있는 몇 가지 예외사항이 있습니다. 6개월 이상 요양으로 인한 의료비가 발생하거나 개인회생이나 파산선고, 천재지변 등의 경우에는 IRP에서 연금소득세로 중도인출이 가능합니다. 하지만 누가 봐도 죽을 만큼 힘든 상황이어야 세금 혜택을 보면서 중도인출이 가능하기에 그런 일이 안 생기는 것이 더 낫습니다.

또한 IRP에서도 무주택자의 주택 구입과 전세보증금을 위해 중도인출이 가능하긴 하지만 이 경우에는 16.5%의 기타소득세를 떼고 받기 때문에 세액공제 기준에 따라서 손해를 볼 수 있다는 점 꼭 기억하시기 바랍니다.

사실 결정적으로 연금저축과 다르게 IRP 계좌를 2개, 3개로 나눠서 운영해야 하는 이유는 표 맨 오른쪽에 있는 '기타 다양한 사유' 부분을 IRP에서는 인정하지 않기 때문입니다. 연금저축에서는 나라에서 정한 사유 말고도 개인적인 이유로 원하는 만큼 중도인출이 가능합니다.

물론 기타소득세 16.5%를 떼고 인출해야 하지만 계좌 자체를 유지할 수 있고 필요한 금액만 뺄 수도 있기 때문에 어느 정도 융통성 있는 운영이 가능하지만 IRP는 '퇴직금'과 관련된 계좌라 그런지 운영방식이 매우 보수적입니다. 그렇기 때문에 개인형 IRP는 되도록 돈의 출처(이름표)에 따라 계좌를 나눠서 관리하는 것이 베스트입니다.

계좌 개설 팁, IRP 수수료 비교하기

—

개인형 IRP 계좌를 개설할 증권사 선정도 중요합니다. 기본적으로 연금저축과 동일하게 ETF 거래수수료가 얼마나 저렴한지 비교해봐야 합니다.

한 가지 더 있습니다. 바로 개인형 IRP 자체 계좌 수수료가 얼마나 되는지 비교해봐야 합니다.

연금저축과 다르게 개인형 IRP 계좌에는 자체 수수료가 부과되기 때문입니다. 즉, IRP 계좌에 돈을 입금만 해도 운용관리+자산관리 수수료가 발생합니다.

IRP 계좌 수수료는 금융사별로 적게는 0.39~0.55%까지 다양합니다. 최근 증권사 간 경쟁을 통해 이런 계좌 자체 수수료가 사라지는 추세이긴 하지만 자세히 알아보지 않으면 안 내도 될 수수료를 낼 수도 있는 만큼 IRP 계좌 개설을 고민하시는 분들이라면 이 부분을 꼭 비교해보시기 바랍니다.

IRP 계좌 수수료 확인
금융투자협회 전자공시서비스

계좌 숫자가 늘어날수록 관리하기가 귀찮아지긴 하지만 조금만 신경 쓰고 준비하면 세금 리스크를 줄일 수 있는 만큼 지금부터 한번 계획해보길 바랍니다.

현재 서대리 역시 세액공제와 연금투자용으로 직접 납입하는 미래에셋 IRP 계좌와 첫 번째 회사 퇴직금을 담은 한국투자증권 IRP 계좌, 이렇게 2개를 따로 운영하고 있습니다. 아직 이직을 하지 않아서 퇴직금을 받지 않은 분들이라도 미리 별도의 IRP 계좌를 개설해놓는 것을 추천합니다.

지금까지 살펴본 것처럼 IRP도 혜택이 상당히 좋습니다. 다만 한 가지 문제가 있습니다. 아무리 혜택이 좋은 계좌라도 결국 투자를 해야 하고, 투자를 하려면 돈이 필요하다는 점입니다. 한 달에 30만 원씩 연금저축에 투자하는 것도 결코 쉬운 일이 아닌데, IRP까지 투자하려면 많은 노력이 필요합니다.

실제로 주거비, 자동차할부, 보험, 생활비 등 숨만 쉬어도 나가는 비용들을 줄이기란 쉽지 않습니다. 그렇다고 여유로운 노후를 포기할 필요가 없습니다. 다 방법이 있습니다. 그것은 바로 직장인이라면 누구나 가지고 있는 퇴직금을 연금저축처럼 투자하는 것입니다.

IRP에 납입할 돈이 없다면 퇴직금을 굴리자

직장에 다니고 퇴직금이 쌓이고 있다고 해서 무조건 퇴직금을 본인이 관리하고 투자할 수 있는 것은 아닙니다. 우선 본인의 퇴직금이 어떻게 관리되고 있고, 재직 중인 회사에서 어떤 퇴직연금제도를 운영하는지부터 확인해야 합니다. 많은 직장인들이 본인의 퇴직연금이 어떤 제도로 어떻게 관리되고 있는지 모르기 때문에 퇴직금을 운영해야 한다는 사실 자체도 모르고 있는 경우가 많습니다.

단어가 생소한 분들도 계실 텐데, 퇴직연금제도는 크게 DB형과 DC형이 있고, 한국에는 DB형이 60%를 차지합니다. 퇴직금은 이 두 개 제도 중 하나로 관리되고 있기 때문에 본인이 가입된 퇴직연금제도가 무엇인지 아는 것이 퇴직금 관리의 첫 걸음입니다. 나의 퇴직연금이 DB형인지 DC형인지 확인하려면 인사팀에 문의하거나 금융감독원 연금포털 시스템에서 조회해보면 됩니다.

스마트폰 본인 인증만 해도 쉽게 확인할 수 있으니 인사팀과 이야기하기 싫은 분들이라면 이 사이트를 적극 이용하시기 바랍니다(회원 가입 후 3일 후에 조회가 가능합니다). 회원 가입이 귀찮

표 | **퇴직연금의 종류**

회사가 알아서 운용하는 **확정급여형(DB형)**	내가 직접 굴리는 **확정기여형(DC형)**	**개인형 퇴직연금(IRP)**
근로자 퇴직 시 약속된 퇴직금을 지급. 퇴직금 운용 실적이 좋으면 기업 이익으로, 운용 실적이 나빠도 기업이 채워줌. 퇴직 기간까지 기간이 많이 남은 젊은 근로자. 대기업에서 근무하거나 장기 근속이 보장되어 승진 기회가 많고 연봉 상승률이 높은 직종에 유리. 금융 투자에 관심이 적고 안정성이 중요한 사람에게 적합.	근로자 퇴직 시 적립금 운용 결과에 따라 퇴직금을 지급. 운용 실적에 따라 퇴직금이 많아질 수도, 적어질 수도 있다. 중소기업이나, 승진 기회가 적고 이직이 잦은 직종, 임금 상승률이 적은 근로자에게 적합. 임금피크제를 앞둔 근로자라면 DC로 변경하는 것이 유리. *DC →DB로 전환은 원칙적으로 불가.	근로자가 재직 중에 자율로 가입하거나 퇴직 시 받은 퇴직금을 적립하여 55세까지 노후자금으로 운용할 수 있는 제도. 연간 1,800만 원까지 납입 가능하며, 연금저축에 가입했다면 연금저축 한도(600만 원)을 합산해 총 900만 원까지 세액 공제(13.2~16.5%)의 혜택이 있으며 이자소득세(15.4%)가 면제된다. 발생한 수익은 연금으로 수령할 때까지 과세가 면제된다.

다고 안 하시는 분도 계시는데 회원가입하고 자주 확인해보시길 바랍니다. 요즘은 입사하면 퇴직연금을 DB형과 DC형 중 어떤 것으로 운용할지 물어보는 회사도 있으니 특성을 미리 잘 알고 있는 것이 좋습니다.

금융감독원 통합연금포털 내 연금 조회하기

DB형 가입자의 퇴직연금은 우리가 흔히 알고 있는 퇴직금 제도입니다. 본인의 퇴직연금이 DB형이고 회사에서도 DB형만 지원한다고 하면 퇴직금을 더 늘릴 방법이 없습니다. DB형은 회사가 알아서 퇴직금을 운용하고 관리하기 때문입니다. 자신의 근속년수와 퇴직 직전 3개월 평균 임금에 따라 산출되기 때문에 최대한 오래 근무하고 퇴직하기 전까지 남들보다 연봉을 올리는 것이 퇴직금을 늘리는 유일한 방법입니다.

대개는 급여상승률이 물가상승률보다 높고, 직급이 오를 때 급여 상승폭도 커집니다. 그래서 승진 기회가 많은 대기업 신입사원이나 승진 시 임금상승폭이 큰 회사에 다니는 사람이라면 DB형을 선택하는 것이 유리합니다(임금피크제가 아닌 경우).

반대로 본인이 퇴직연금DC형 가입자라면 퇴직금 관리에 각별히 신경 써야 합니다. 회사가 매년 퇴직금을 가입자 명의의 퇴직연금 계좌로 지급하면 본인이 이를 직접 운용하고 관리해야 되기 때문입니다. 별도로 퇴직금 관리를 하지 않았다면 그냥 현금으로 가만히 있거나 퇴직연금 담당 금융사의 추천 펀드에 자동으로 투자되고 있을 것입니다.

퇴직연금DC형 가입자는 인출은 할 수 없지만 노후 준비를 위

표 | 수익률 2% 차이에 따른 계좌 차이

투자금	기간	수익률	예상 자산(세전)
매달 25만 원	30년	5%	208,931,595원
매달 25만 원	30년	7%	306,771,873원

해 투자할 수 있는 계좌가 하나 더 생기는 것입니다. 그리고 투자를 할 수 있다는 말은 '어떤 자산에 투자하느냐'에 따라 수익률 차이가 발생한다는 의미이며, 이 수익률에 따라서 동일한 금액의 퇴직금이 쌓이는 입사 동기라 할지라도 추후 각자 받을 수 있는 퇴직금이 달라지는 것입니다. 누구는 퇴사할 때 5억의 퇴직금이 생기고 누구는 퇴사할 때 2억의 퇴직금이 생기는 현상이 발생하는 이유입니다.

그리고 대한민국 직장인들의 퇴직연금 평균 수익률이 2%인 이유는 투자를 해야 하는 DC형 계좌를 방치하고 있기 때문입니다. 대부분 원금보장형 상품에 퇴직금을 넣어두거나 투자를 하더라도 정말 일부 금액만 투자를 하고 있습니다. 아무거나 사도 수익률을 30%씩 찍던 2020년에도 국내 퇴직연금 수익률은 2.58%였다고 하니 정말 아쉬운 상황입니다.

그렇기 때문에 퇴직연금DC형 계좌를 보유하고 계신 직장인이라면 자신뿐 아니라 퇴직금도 스스로 일을 할 수 있게 만들어야 합니다. 우리만 일하는 것이 아니라 돈도 일을 하게 만들어서 '듀얼코어'로 자산을 불려나가는 것이죠. 돈이 돈을 불러오는 자본주의 시스템에 퇴직금까지 신경써야 하는 이유입니다.

노후를 풍요롭게, IRP와 퇴직연금DC형 투자 전략

그렇다면 퇴직연금 계좌의 일종인 개인형 IRP와 퇴직연금DC형에서는 어떻게 투자를 해야 할까요?

기본적으로는 앞에서 소개한 연금저축 투자방법과 동일하게 S&P500 ETF, 추가로 나스닥 ETF를 중심으로 투자하는 것을 추천합니다. 다만 퇴직연금 계좌는 안전자산 30%를 강제로 유지해야 하는 제도가 있기 때문에 동일한 방식으로 운영하면 어쩔 수 없이 기대수익률이 떨어질 수밖에 없습니다. 아무래도 주식 비중이 낮아지기 때문이죠.

물론 주식 비중이 낮아지는 만큼 계좌 자체의 변동성이 낮아지기 때문에 안정적인 운영이 가능하다는 장점이 있습니다. 하지만 20~30년 이상 장기투자를 하면 주식이 더 이상 위험자산이 아닌 안전자산이 된다는 점을 생각해봤을 때, 아쉬움을 호소하는 분들이 분명 많을 것입니다.

특히 연금 계좌 특성상 최소 10년에서 많게는 30년까지 강제투자가 되기 때문에 주식 비중을 높여도 되는 상황입니다. 실제로 주식 비중이 높아져 계좌수익률이 2%p만 상승해도 30년 후 연금 계좌는 1억 정도 차이나기도 합니다.

위의 표처럼 연 수익률이 2%p만 올라도 우리가 받을 수 있는 연금의 규모가 달라집니다. 그렇기 때문에 당연히 수익률이 오를수록 미래에 내 계좌는 더 불어날 것이고 투자자라면 수익률을 끌어올리기 위한 고민이 늘 필요한데요.

그리고 그 고민의 핵심, 즉 투자수익률의 핵심은 결국 '주식 비중'입니다. 위험자산인 주식 비중이 전체 계좌에서 얼마나 차지하느냐, 그리고 어떤 주식에 투자하느냐에 따라 결정됩니다. 문제는 퇴직연금계좌의 안전자산 30% 규정입니다. 그렇기 때문에 퇴직연금 계좌의 투자수익률을 높이는 핵심은 결국 안전자산을 어떻게 채우냐에 따라 달렸습니다.

안전자산이라고 해서 무조건 채권이나 현금성 자산만 허용되는 것이 아니라 주식 비중이 적절히 들어 있는 일부 ETF나 펀드들도 안전자산으로 인정해줍니다. 즉, 안전자산에 주식형 비중이 높으면 높을수록 추후 IRP 계좌 기대수익률이 올라가는 구조입니다.

요즘 연금 계좌에서 대부분 미국 S&P500이나 나스닥 ETF를 기본으로 모아가기 때문에 결국 개인형 IRP/퇴직연금DC형 계좌의 최종 수익률은 안전자산에 얼마나 열과 성을 다하느냐에 따라 갈린다고 보면 됩니다. 이런 사소한 행동 하나하나가 IRP 계좌 수익률을 끌어올려주고 연평균 수익률이 1%씩만 더 올라도 30년 후 사용할 수 있는 연금 규모의 차이는 엄청나게 벌어집니다.

주식 비중을 높일 수 있는 2가지 안전 자산

그렇다면 개인형 IRP와 퇴직연금DC형 계좌에서 주식 비중을 최대한 높일 수 있는 안전자산 투자방법은 무엇일까요? 직장인들이 부담 없이, 그리고 복잡하지 않게 투자할 수 있는 추천 상품은 크게 2가지입니다.

1. KODEX TRF 3070 ETF

첫 번째는 KODEX TRF3070 ETF에 투자하는 것입니다. ETF 소개정보에서 알 수 있듯이(71쪽 참고) 이 ETF는 글로벌 선진국 주식ETF인 KODEX 선진국 MSCI World와 국내채권 ETF인 KODEX 종합채권이 3대7 비중으로 구성되어 있는 주식혼합형ETF입니다.

퇴직연금 계좌의 안전자산 30%를 KODEX TRF3070으로 전부 채우고 나머지 70%를 나스닥이나 S&P500 ETF로 채운다면 개인형 IRP 계좌의 주식 비중은 기존 70%에서 최대 79%까지, 9%p나 올라가게 됩니다.

그리고 KODEX TRF3070이 30%나 담고 있는 KODEX 선진국 MSCI World 역시 좋은 ETF입니다. 미국을 중심으로 유럽 같은 선진국 주식을 담고 있는 ETF이기 때문에 기본적으로 S&P500의 방향을 따라가면서도 미국 외 국가로 분산투자가 가능한 마음 편한 ETF 중 하나입니다.

참고로 KODEX TRF3070은 채권 비중이 70%나 되는 ETF로 ETF 자체 수익률은 높지 않은 편입니다. 2019년 7월 상장하고 나서 현재까지(24년 6월) 수익률이 26%가 조금 넘는 매우 정적인 ETF이기 때문에 단독으로 투자하실 분들은 답답함을 느끼실 수도 있습니다.

2. TDF2045 펀드

IRP 계좌의 주식 비중을 최대로 끌어올릴 두 번째 방법은 펀드인 TDF2045를 매수하는 것입니다. 서대리는 가능하면 펀드보다 ETF 투자를 더 선호합니다. 펀드는 ETF 투자에 비해 비용은 더 높고 장기적으로 보면 기대수익률은 더 낮을 가능성이 높기 때문이죠. 특히, 연금과 같은 장기투자를 해야 하는 계좌에서는 이 격차가 더 커질 것입니다.

하지만 개인형 IRP와 퇴직연금DC형 계좌의 안전자산 30% 제도를 고려했을 때, TDF펀드 투자가 최선은 아니지만 차선 정도의 역할을 할 수 있습니다. 왜냐하면 TDF펀드는 주식 비중이 높아도 거의 다 안전자산으로 인정되기 때문입니다.

연금을 수령하는 시기가 20년 이상 남은 사람들을 위한 펀드인 TDF2045도 안전자산으로 취급되기 때문에 KODEX TRF3070보다 주식 비중을 더 높일 수 있습니다. 현재 제가 IRP 계좌에서 투자하고 있는 TDF2045펀드만 해도 국내주식과 해외주식의 비중이 무려 56%나 됩니다. 즉, TDF2045에 투자하면 KODEX TRF3070에 투자할 때보다 안전자산의 주식 비중

표 | IRP의 안전자산 30% 규정 속 주식 비중을 높일 수 있는 상품

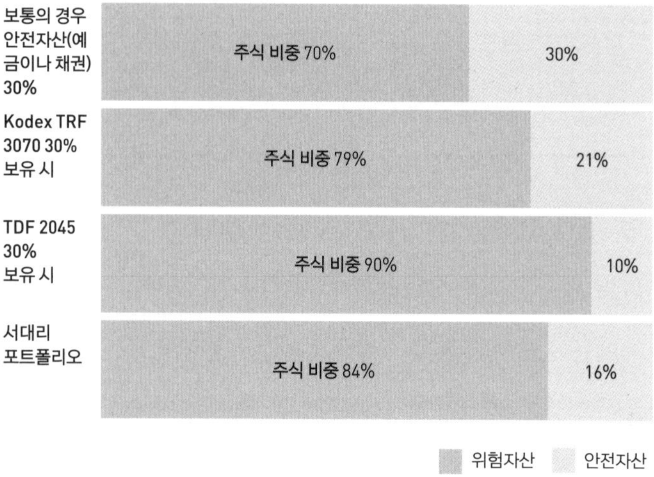

을 거의 두 배나 높일 수 있게 됩니다.

다만 앞에서 언급했듯이 TDF펀드는 ETF에 비하여 수수료가 월등히 높고 거래도 바로바로 되지 않는다는 불편함이 있습니다. 게다가 펀드 운용을 꾸준히 잘 하는지 모니터링하기 쉽지 않습니다. 하지만 KODEX TRF3070의 주식 비중이 아쉬운 분들이라면 IRP 계좌에서 주식 비중을 최대한 높일 수 있는 가장 확실한 방법인 만큼 개인형 IRP 수익률을 끌어올리고 싶은 분들에게 (안전자산 한정) 일정 부분 TDF펀드 투자는 필수라고 생각합니다.

서대리의 경우, 현재 개인형 IRP 계좌에서는 안전자산으로 KODEX TRF3070과 TDF2045펀드를 함께 투자하고 있으며 위험자산은 단순하게 ACE 미국나스닥100으로만 모아가고 있습니다. 참고로 서대리가 IRP 계좌에서 S&P500 대신 나스닥 ETF를 모아가는 이유는 '목표 수익률' 때문입니다. 안전자산이 30% 강제되는 계좌이기 때문에 기대수익률이 더 높은 나스닥 ETF으로 투자하고 있습니다.

복잡하게 이것저것 생각하지 않고 이렇게만 투자해도 주요 시장지수보다 좋은 수익률을 보여주고 있습니다. 안전자산 30%라는 제한조건이 있음에도 말이죠.

다만 이런 투자방식은 기대수익률이 높은 만큼 주가 변동성이 크기 때문에 처음부터 무리하게 공격적인 투자하는 것은 추천하지 않습니다. 연금투자가 처음이라면 계좌의 높은 변동성으로 인해 스트레스를 받고, 이에 따라 합리적인 투자 판단을 하지 못할 가능성이 크기 때문입니다. 최소 1~2년 정도 연금 계좌를 운영하면서 본인만의 투자 성향이나, 변동성을 버틸 수 있는 기준(어느 정도 하락까지 마음 편하게 기다릴 수 있는가), 목표수익률 등을 세팅하고 이에 따라 나에게 맞는 연금 투자방법을 만들어 보시길 바랍니다.

표 | 서대리의 IRP 계좌 투자 포트폴리오

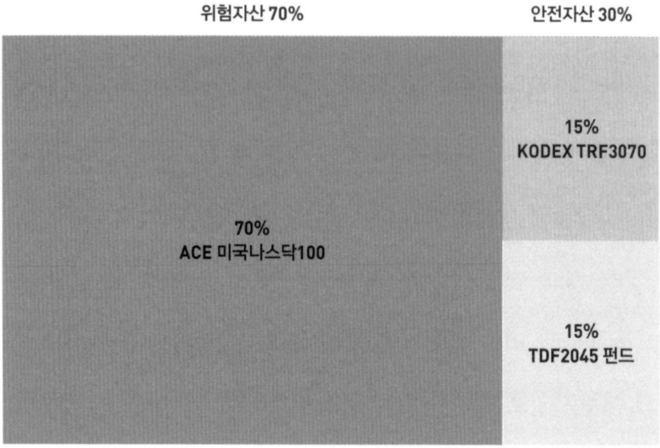

장기간 돈이 묶이는 게 걱정된다면, ISA

앞에서 살펴본 것처럼 연금저축과 개인형IRP, 퇴직연금DC 투자는 최고의 노후 준비 방법입니다. 세액공제와 과세이연 혜택뿐 아니라, 일반계좌보다 낮은 세율로 연금을 수령할 수 있기 때문이죠.

이렇게 말도 안 되는 혜택을 제공하는 연금계좌들이지만 많은분들이 연금계좌 투자를 주저합니다. 그 이유는 바로 만 55세까지 돈이 묶인다는 점 때문입니다. 특히 3040세대 투자자라면 만 55세가 되기 전에 결혼이나 자동차 구입, 자녀 양육, 내 집 마련 등 큰돈을 써야 할 인생 이벤트들이 기다리고 있기에 연금계좌 투자는 부담스러울 수밖에 없습니다.

하지만 그렇다고 마냥 투자를 포기하고 예적금만 할 수는 없습니다. 10~20년 돈이 묶이는 것이 걱정인 분들을 위해 연금계좌보다 혜택은 조금 약하지만 만기가 3년으로 짧은 금융계좌가 있습니다. 바로 ISA 계좌입니다.

ISA는 개인종합자산관리계좌(Individual Savings Account)로 하나의 계좌에서 예금 · 적금, 펀드, ETF, 주식, 파생결합증권 등 다양한 금융상품을 관리하면서 절세 혜택도 누리는 종합계좌입니다. ISA계좌로 투자하는 동안에는 세금 부과가 연기되다가 계좌만기 시점(=의무가입기간 3년)에 한꺼번에 최종적인 세금을 정산하게 됩니다.

ISA는 3년을 목표로 목돈을 불려나가는 목적으로 가입해서 운용하기 좋은 상품입니다. 3년 동안 운용하며 혜택을 본 후 만기 연장도 가능합니다. 19세 이상, 총 소득이 5천만 원 이하의

표 | ISA 살펴보기

구분	내용
가입대상	가입일 또는 연장일 기준 국내 거주자로서 ① 만 19세 이상인 자, 또는 ② 만 15세 이상 ~ 만 19세 미만인 자로서 직전 과세 기간에 근로소득이 있는 자
납입한도	연 2,000만 원, 5년간 최대 1억 원까지 납입 가능 단 기존 재형저축, 장기집합투자증권저축의 계약금액을 차감 후 가입 가능 미불입한도는 다음연도 이월 가능
의무 가입기간	3년(만기 시 연장 가능)
거래 가능 상품	국내주식, ETF, 펀드, 리츠, 채권 등 매매 가능. 단, 해외에 상장한 해외주식 거래 불가(국내상장 해외주식ETF나 해외 펀드 등 간접상품으로 거래 가능)
만기 전 중도해지 조건	법령에서 정한 부득이한 사유* 이외에 의무가입기간 전 중도해지 시 과세특례를 적용하여 소득세 상당액을 추징 (부득이한 사유) ① 사망 ② 해외이주 ③ 천재지변 ④ 퇴직 ⑤ 사업장의 폐업 ⑥ 3개월 이상의 입원치료 또는 요양을 필요로 하는 상해·질병의 발생 등
중도인출	계약기간의 만료 전 납입 원금(가입일로부터 납입한 금액의 합계액)을 초과하지 않는 범위 내에서 자유로운 중도 인출 허용 단, 납입원금 초과 시 '중도해지'로 간주(과세특례 적용 소득세 상당액 추징 등)
세제 혜택	ISA 가입기간(등록일~해지일)에 계좌에서 발생한 이익과 손실을 통산하여 순소득에 대해 다음과 같이 비과세 또는 분리과세 혜택 ① 서민형: 400만 원까지 비과세, 초과금액은 9.9% 분리과세 ② 일반형: 200만 원까지 비과세, 초과금액은 9.9% 분리과세
종류	중개형: 고객이 직접 투자상품을 선택(예금상품 포함 안 됨, 계좌수수료 없음) 신탁형: 고객이 직접 투자상품을 선택하며 예금상품도 포함됨(연 0.1%가량 신탁보수 발생) 일임형: 투자전문가의 포트폴리오로 운용(펀드, ETF 등, 연 0.3~0.8%가량 수수료 발생)

출처: 금융감독원

근로자이거나 3,500만 원 이하인 사업자라면 서민형 ISA계좌를 개설할 수 있고 그 외에는 일반형 ISA계좌를 개설할 수 있습니다.

혜택이 좋은 ISA 계좌이기 때문에 당연히 납입 한도가 있습니다. ISA 계좌에는 연 2천만 원, 5년간 최대 1억 원까지 납입이 가능합니다. 의무 가입 기간은 3년이지만 중도에 해지할 경우 납입 원금을 초과하지 않는 범위에서 중도 인출도 가능합니다. 하지만 계좌를 의무가입기간 내에 중도해지할 경우 소득세가 추징됩니다.

ISA, 은행과 증권사 중 어디에서 개설할까?

우리가 가입할 수 있는 ISA는 크게 3가지 종류가 있습니다. 은행에서 개설이 가능한 일임형과 신탁형, 그리고 증권사에서 개설이 가능한 중개형이 있습니다. ISA는 일인당 1개의 계좌만 개설할 수 있기 때문에 상품의 장단점을 잘 따져보고 가입하시길 바랍니다.

주로 은행에서 가입할 수 있는 ISA는 신탁형 상품과 일임형

표 | ISA의 세 가지 종류

구분	중개형	신탁형	일임형
운용방식	투자자가 직접 운용	투자자가 투자 상품 선택해 포트폴리오 운용	전문가에게 운용을 일임
투자가능상품	**국내주식**, 펀드, ETF, ELS, 리츠 등	**예금·적금**, 펀드, ETF, ELS, RP, MMF 등	펀드, ELS, RP 등
운용기관	증권사	은행, 증권사, 보험사	은행, 증권사
수수료	없음	연 0.1~0.2%	연 0.3~0.8%

상품 두 가지가 있습니다. 일임형은 '일임(모두 맡긴다)'의 의미처럼 은행에 운용을 맡기면 은행은 자산을 운용한 후 고객에게 수익을 돌려주는 방식입니다. 신탁형은 은행이 펀드나 ETF, ELS, 예금 등 다양한 금융상품을 구성해놓고 고객이 상품을 선택해 포트폴리오를 구성하고 수익을 올리는 방식입니다. 각 상품의 개별 수수료 외에도 기본 신탁보수라는 명목으로 0.1% 내외의 수수료가 발생합니다.

증권사에서 개설이 가능한 중개형 ISA계좌는 가입자가 직접 주식과 펀드, 예금 등을 운용할 수 있습니다. 그중 국내주식을 직접 운용할 수 있다는 점이 가장 큰 장점입니다. ISA 특성상 계좌에 해외주식을 담을 수는 없지만 Tiger나 ACE 등의 국내상장 해외주식 ETF를 담아 투자가 가능합니다. 중개형 ISA는 상품 자체의 수수료가 없기 때문에 저는 수수료 없이 가입자가 직접 운용할 수 있는 중개형 ISA를 추천합니다.

ISA의 매력, 비과세 혜택 및 손실 상계

ISA계좌는 연금계좌와 다른 특징이 한 가지 있습니다. ISA계좌에서 투자한 다양한 상품 중 손실분은 다른 상품의 투자수익과 합산하여 투자자가 얻은 실제 순이익을 기준으로 세제 혜택을 주는 손실상계제도입니다. 해외 주식계좌의 세금 계산 방식과 같다고 보면 됩니다(세율은 다름).

전체 수익 중 200만 원까지 비과세 혜택을 받으며(서민형은 400만 원까지 비과세) 200만 원 초과 금액은 9.9%로 분리과세됩니다.

이 책의 핵심 투자종목인 국내상장 S&P500 ETF를 일반 주식계좌에서 투자할 경우, 시세차익과 ETF 분배금에 15.4%의 배당소득세가 발생하지만, ISA계좌에서 국내상장 S&P500 ETF를 투자한다면 세금을 확 줄일 수 있는 것입니다.

표 | **ISA계좌의 손실 상계 혜택 비교(국내상장 S&P500 ETF 투자 시)**

구분	일반 증권계좌에서 투자한 경우	ISA계좌에서 투자한 경우
투자 성과	1. S&P500 ETF: 수익 1,000만 원 2. 펀드: 손실 500만 원	1. S&P500 ETF: 수익 1,000만 원 2. 펀드: 손실 500만 원
과세 대상 수익	1,000만 원	300만 원 (수익 1,000만 원 - 펀드손실 500만 원 -비과세 200만 원 적용)
적용 세율	원천징수 15.4%	분리과세 9.9%
세금	154만 원	29.7만 원 (서민형은 9.9만 원)

만약 ISA 가입 후 주식에서 1,000만 원 이익이 났고 펀드에서 500만 원 손실을 봤다면 실제 ISA 계좌에서 투자하면 줄어드는 세금이 얼마나 되는지 위의 표에서 확인할 수 있습니다. 이렇게 좋은 혜택을 가지고 있는 ISA계좌지만 단점도 있습니다. 사실 단점이라기보다는 아쉬운 부분이데요. 연금저축과 유사한 ISA 계좌답게, 국내상장 주식·ETF만 투자할 수 있다는 사실입니다.

국내 ETF 시장이 커지고 있지만 아직까지는 미국시장에 비해 투자할 수 있는 ETF 종류가 적어서 요즘은 해외상장 개별종목에 투자하는 분들이 많습니다. 하지만 이를 ISA계좌로 모아갈 수 없다는 점, 기억하시길 바랍니다.

또 기존에 보유한 주식은 ISA로 입고가 불가능합니다. 일반 증권계좌의 주식과 ISA계좌의 주식은 세제 적용 방식이 다르기 때문입니다. 기존 주식을 현금화한 후 ISA에 입금해 새로 매수하거나, ISA 계좌를 개설한 후 새로 주식을 매입해 계좌를 불려 나가야 손익상계 혜택을 받을 수 있습니다. ISA 계좌끼리의 이전은 가능해, 은행에서 가입한 ISA 계좌를 증권사 ISA로 이전할 수는 있습니다.

현재 서대리의 ISA계좌에는 국내상장 S&P500 ETF와 삼성전자 우선주를 투자하고 있습니다. 그리고 ISA계좌에도 월적립식 매수를 하고 있지만 연금저축펀드만큼 투자금이 크지는 않습니다. 그 이유는 이미 결혼과 내 집 마련 등 큰돈 들어갈 인생 이벤트들을 어느 정도 해결했기에, ISA보다 혜택이 더 좋은 연금계좌 투자를 우선순위로 두고 있기 때문입니다. 연금저축과 IRP계좌의 세액공제 한도인 900만 원을 매년 입금하는 투자에 집중하고 있어서 아직까지는 ISA계좌를 적극적으로 활용하고 있지 않습니다. 연금계좌 1년 납입 한도인 1,800만 원을 전부

표 | **투자 계획별 계좌활용 추천 테크트리**

	1 연금저축	2 IRP	3 연금저축	4 ISA	5 일반계좌
최소 10년 이상 장기투자 시	연 600만 원	연 300만 원	연 900만 원	연 2,000만 원	남는 돈

└→ 연간 3,800만 원 투자(최대 세제혜택 가능 투자금)

	1 ISA	2 일반계좌	3 연금저축	4 IRP
5년 내외 중기투자 시	연 2,000만 원	남는 돈	남는 돈	남는 돈

	예적금
3년 이내 단기투자 시 (결혼 예정/전세 계약금 등의 자금)	또는 파킹통장

채우기도 쉽지 않기 때문입니다.

다만 향후 서대리의 월급이나 부수입이 늘어난다면 ISA계좌 역시 연금저축 계좌처럼 납입 한도까지 국내상장 S&P500 ETF를 매월 적립식으로 모아가는 데 집중할 계획입니다.

연금 수령의 기술

연금저축계좌 가입자는 가입일로부터 5년이 경과하고 만 55세가 되어야 10년 이상의 기간 동안 연금으로 수령할 수 있습니다.

만약 55세가 되어도 다른 소득이 있다면 연금 수령 개시를 늦춰도 좋습니다. 10년 이상 투자했다면 자산의 눈덩이가 커져 있기 때문에 투자기간이 1년씩 늘어날수록 불어나는 금액도 커지며, 55~69세에 수령하기 시작하면 연금소득세로 5.5%를 내야 하지만, 70세~79세에는 4.4%, 80세 이상부터 수령하면 3.3%로 세금이 줄어들기 때문입니다.

1. 증권사는 수령 조건(5년 경과, 만55세 경과) 충족일이 속한 달의 직전달까지 연금저축 가입자에게 다음의 사항을 안내해야 합니다.

1. 가입자가 일정 날짜부터 연금수령이 가능하다는 사실
2. 가입자가 기존에 지정한 연금수령 시점 및 동 시점의 변경이 가능하다는 사실
3. 가입자가 연금수령을 위해서는 금융회사가 정하는 방식에 따라 개시신청을 하여야 한다는 사실

2. 증권사의 연락을 받고 연금을 개시하기로 결정했다면 가입자는 연금수령 개시일, 수령주기, 수령할 금액 등을 지정하여 연금수령을 신청합니다. 특히 연금저축의 경우 가입자는 연금수령을 위해 환매할 상품의 종류, 금액, 환매순서 등을 지정해야 합니다.

3. 수령 신청 시 필요한 서류

연금저축 계좌에는 세액공제를 받은 돈도 있고, 세제혜택을 받지 않은 돈이 섞여 있습니다. 세제혜택을 받지 않은 금액에 대해서는 가입자가 세액공제 받지 않았음을 입증해야 합니다. 이를 위해 국세청 홈택스에서 "연금보험료 등 소득 · 세액공제 확인서"를 발급받아 증권사에 제출하거나, 발급번호를 금융회사의 온라인상 수령신청 화면에 입력해야 합니다. 연금을 수령하게 되면 세액공제받지 않은 돈이 먼저 인출되며, 세액공제를 받지 않은 돈에는 연금소득세를 떼지 않고 연금으로 지급됩니다.

4. 수령 개시 후 10년, 얼마를 받을까?

1년 동안 수령할 연금 한도액은 다음과 같은 식으로 산출하며, 연금을 수령하는 기간과 연금계좌 총자산에 따라 달라집니다. 예를 들어 1억 원이 연금계좌에 있다면 첫 해 연금수령 한도는 1,200만 원입니다.

$$\text{연금수령 한도} = \frac{\text{연금계좌 평가액}}{11-\text{연금수령 연차}} \times 1.2$$

연간 한도를 넘지 않는다면 다양한 형태로 수령이 가능합니다. 금리연계형, 정액형, 좌수분할, 상승전환, 하락전환 등 다양한 방법이 있습니다. 대표적으로 정액수령은 매달 일정 금액을, 정률수령은 일정한 비율로 수령하는 방식입니다. ETF의 경우 현재는 직접 매도해서 수령해야 해야 합니다. ETF만으로 연금을 운용하는 경우 내게 정해진 1년의 한도 금액만큼 원하는 시점에 ETF를 매도한 후 출금해서 연금으로 사용합니다. 또는 저처럼 분배금이 발생하는 ETF 위주로 모은 분이라면 ETF를 매도하지 않고 분배금을 연금으로 쓸 수도 있습니다.

5. 필요한 금액만큼 ETF를 매도해 연금으로 사용

2020년 한 증권사에서 ETF로 투자한 돈을 연금으로 수령하려면 보유한 ETF를 전량 매도해야만 연금으로 지급할 수 있다고 해서 논란이 된 적이 있었습니다. 연금을 개시한 후에도 남은 돈으로 최소 10년은 투자할 수 있는 시간이 있는데, 보유한 ETF를 모두 매도하고 현금으로만 가지고 있어야 한다면 비효율적입니다.

이처럼 ETF를 통한 연금 수령 방식이 논란이 되자 증권사들은 ETF를 전부 현금화하지 않고 필요한 만큼만 매도해 투자를 이어나갈 수 있도록 규정을 변경했습니다. 현재는 대부분의 증권사들이 이 방식을 채택하고 있기 때문에 걱정할 필요가 없습니다. 만약 안 된다고 하면 ETF 투자를 유지할 수 있는 증권사로 연금 이전을 신청하면 됩니다.

6. 아직 연금저축 상품을 실제로 수령하는 케이스가 많지 않아서 수령 서

비스가 초보적인 단계이지만, 최근 증권사마다 다양한 연금 수령서비스를 제공하려고 경쟁중입니다. 삼성증권의 경우 연금 인출 옵션을 다양하게 구성해 연금 수령 시 103가지의 방식 중 하나를 택할 수 있다고 합니다. 세액공제 혜택을 받으며 연금저축을 불려나간 2차 베이비부머 세대들이 연금을 수령할 시점이 되면 증권사에서 제공하는 개인용 맞춤 인출 서비스는 폭발적으로 진화할 것으로 예측합니다.

7. 현재 기준 개인연금 기준 1년에 1,500만 원 이하를 연금으로 수령해야 연금소득세를 적용받습니다(연금저축과 IRP 중 세액공제받은 금액과 그 운용수익에만 1,500만 원 한도 적용, 국민연금과 사학연금, 퇴직금 등은 해당 없음). 그 금액에서 1원이라도 초과되면 전액 종합과세 대상이 되어 다른 소득들과 합쳐 과세 표준에 따라 6.6~45%까지 세율을 적용받습니다. (2023년부터 세율을 종합소득과세 외에도 16.5%로 적용하는 선택지가 추가되었습니다. 연간 연금수령액이 많아 과세표준이 종합소득세율 16.5%을 초과한다면 분리과세를 선택하는 것이 좋습니다.)

이 1,500만 원이라는 금액은 앞으로 물가상승률과 상황에 맞게 조정될 것으로 보입니다. 원래 연 600만 원이었던 금액이 2013년에 1,200만 원으로 증액되었고 2023년 1,500만 원으로 한 번 더 올랐습니다. 국민연금 고갈과 노후 보장을 위해 정부가 연금저축 가입을 장려해야 하는 만큼, 앞으로도 경제상황에 맞게 개편될 것이라 많은 전문가들이 전망합니다.

8. 가입자가 사망한 경우

만약 연금저축 가입자가 사망했다면 배우자나 자식 등 상속자가 연금저축을 해지하거나 또는 승계할 수 있습니다. 사망 후 6개월 이전에 연금저축 해지를 신청하면 사망에 의한 부득이한 해지이기 때문에 연금소득세(3.3~5.5%)만 떼고 지급합니다. 6개월이 지난 후 해지하면 기타소득세(16.5%)가 부과됩니다.

만약 상속자가 연금저축을 승계하려면 가입자가 사망한 날이 속한 달의 마지막날로부터 6개월 이내에 해당 금융사에 연금저축 승계 신청을 해야 합니다. 상속자가 연금저축을 승계한다면 사망한 사람(피상속인)의 최초 가입일을 기준으로 5년이 지나고, 개시 연령은 상속받는 자의 나이를 기준으로 만 55세가 되었을 때 연금수령 신청이 가능해 가입자와 동일한 방법으로 연금을 수령할 수 있습니다.

6

연금투자의 또 다른 핵심, 세금

투자에 있어서 가장 중요한 요소는 무엇일까요? 1순위는 당연히 '투자대상'입니다. 돈을 아무리 많이 가지고 있더라도 종목을 잘못 골라 투자하면 종잣돈은 아이스크림처럼 녹아내리기 때문입니다. 반대로 투자할 대상을 잘 선택하면 엄청난 기회가 되기도 합니다. 2021년 암호화폐나 테슬라 같은 성장주에 투자하여 상당한 부를 축적한 일부 MZ세대들이 이에 해당합니다.

그렇다면 재테크 투자 2순위는 무엇일까요? 그건 바로 세금입니다. 풀어서 말하면 세금을 줄일 수 있는 '절세방법'이 두 번째로 중요합니다.

"죽음과 세금은 누구도 피할 수 없다"는 명언처럼 돈을 벌면 세금은 무조건 발생하지만, 세금을 합법적으로 줄일 수 있다면 바로 수익률 상승으로 이어집니다. 그래서 자산가들은 어떻게든 세금을 줄이기 위해 엄청난 노력을 합니다.

그리고 아이러니하게도 우리 역시 연금투자에 있어서 1순위인 '투자대상'보다 2순위인 '절세'에 더 많은 시간을 할애해야 합니다. 투자대상은 앞에서 설명한 것처럼 S&P500 ETF나 나스닥 ETF를 선택하면 충분하기 때문입니다.

그리고 우리가 S&P500이나 나스닥지수를 계속 쳐다본다고 해서 ETF 가격이 오르는 것이 아닙니다. 미국기업들의 실적을 위해 여러 가지 상품을 구매한다고 해서 해당 기업 주가가 상승하는 것도 아닙니다. 즉, 투자는 내가 하는 것이지만 투자한 ETF나 펀드 가격이 상승하는 것은 나의 의지만으로 되는 것이 아니기 때문에 실제로 매수한 뒤에는 크게 시간을 들일 필요가 없습니다.

반면 절세의 경우 나의 의지와 노력, 공부를 통해 직접적인 성과를 낼 수 있는 영역입니다. "아는 만큼 보인다"는 말이 절세에도 딱 맞는 문장이 아닐까 생각합니다.

절세 한도가 정해져 있지만 내가 어떻게 투자하는지, 또는 매년 얼마나 연금을 수령하는지, 몇 년에 걸쳐서 수령하는지에 따라 세금이 달라지는 만큼 연금투자를 통해 노후준비를 하는 분들이라면 세금 공부가 필수입니다. 똑같은 금액으로, 똑같은 ETF에 투자했는데 친구는 한 달에 연금을 200만 원씩 받고, 나는 170만 원씩 받는 상황이 발생하지 않으려면 말이죠.

그래서 이번 파트에서는 연금저축과 개인형 IRP 세금에 대한 정리와 세금 괴담(?) 팩트체크를 통해 연금을 수령할 때 실제 세금이 얼마나 나오는지 함께 계산해보겠습니다. 적을 알고 나를 알면 백전백승이라는 말처럼 세금 적용 원리를 이해하고 대비하면 대응이 가능하기 때문입니다.

세금이 걱정돼서 연금 넣기 꺼려진다고요?

앞에서 저는 풍족한 노후생활을 위해 시간에 투자할 수 있는 연금 준비를 강조했습니다. 그리고 가능하면 세액공제 혜택을 전부 받을 수 있는 한도까지는 입금하고 투자하는 것을 유튜브 채널을 통해 항상 언급합니다. 실제로 저 역시 매달 그렇게 투자를 하며 노후 자산을 불리고 있습니다.

하지만 이런 이야기를 할 때마다 항상 달리는 댓글이 있습니다. 바로 "사적연금을 연 1,500만 원 이상 수령하면 종합과세가 되기 때문에 세금폭탄을 맞는다"는 내용입니다. 지금 당장은 과세 혜택을 받지만 종합소득으로 잡히면 오히려 손해라는 논리입니다. 연 1,500만 원이면 월 125만 원을 연금으로 받을 수 있는 금액이고, 당연히 이 정도로는 안정적인 노후생활이 어렵기 때문에 '연금저축은 사기다'라는 이야기도 나옵니다. 또한 연금을 많이 받으면 건강보험료도 확 늘어나서 조심해야 한다는 구독자들의 댓글도 있었습니다.

하지만 결론부터 말씀드리면 사적연금 소득이 1년에 1,500만 원이 넘어도 크게 걱정할 필요가 없습니다. 실제로 소득구간별 종합소득세율(오른쪽 표)을 살펴보면 연 1,400만 원 이하로는 세율이 6%이고 1,400만 원을 초과하면 세율이 15%로 올라갑니다(24년 7월 기준). 그러다 보니 만 55세 이후 연금저축이나 개인형 IRP로 연금을 수령할 때 내는 연금소득세 5.5%와 비교하면 그 차이가 약 10%p 정도 나기 때문에 "연금으로 연 1,500만 원 넘게 받으면 큰일난다"는 소문이 퍼진 것입니다.

하지만 세금 계산방식이 워낙 복잡한 만큼 배당금, 사업소득, 근로소득과 같은 연금 외 소득이 얼마나 많은지, 그리고 연금수령액 자체가 얼마나 되는지 등 수많은 변수에 따라 사적연금 종합과세 유불리가 정해지게 됩니다. 즉, 단순히 연 1,500만 원 넘게 연금을 수령한다고 해서 무조건 세금폭탄을 맞는다고 단정

표 | **종합소득세율(2024년 기준)**

과세표준구간	세율	누진공제(원)
1,400만 원 이하	6%	0
1,400만 원 초과~5,000만 원 이하	15%	108만 원
5,000만 원 초과~8,800만 원 이하	24%	522만 원
8,800만 원 초과~1.5억 원 이하	35%	1,490만 원
1.5억 원 초과~3억 원 이하	38%	1,940만 원
3억 원 초과~5억 원 이하	40%	2,540만 원
5억 원 초과~10억 원 이하	42%	3,540만 원
10억 원 초과	45%	6,540만 원

• 사적연금을 연 1,500만 원 이상 수령하면 종합소득세와 16.5% 분리과세 중 선택해 과세

지을 수 없습니다.

'죽음과 세금은 피할 수 없다'는 말처럼 당연히 연금을 많이 받아 종합과세 대상이 되면 연금소득세에 비해 세금이 늘어나긴 하지만 절대 큰일날 정도는 아닙니다. 실제로 몇 가지 사례들을 통해 연금소득이 종합과세가 되면 진짜 세금지옥이 펼쳐지는지 확인해보겠습니다.

#사례1 : 연금으로 연 2,482만 원 수령하는 경우

첫 번째 사례는 투자자 본인이 직접 입금한 연금저축과 개인

형 IRP 계좌를 통해 연 1,500만 원 이상 수령하는 경우입니다. 서대리의 목표처럼 30년 동안 연금저축은 매월 33만 원씩, 개인형 IRP는 매월 15만 원씩 입금하고 투자해서 연평균 수익률이 각각 8%, 5%라고 가정해보겠습니다. 그렇다면 30년 후 서대리의 연금 계좌는 대략 6억 2,046만 원으로 불어날 것입니다. 그리고 투자금에서 매년 4%만 빼서 쓰면 원금은 줄지 않는다는 '4%의 법칙'에 따라 서대리는 1년에 약 2,482만 원을 연금으로 수령할 수 있습니다.

1년 연금소득이 1,500만 원이 넘었기 때문에 당연히 종합과세 대상입니다. 이 정도 규모일 때, 실제 내야 하는 세금은 얼마가 될까요?

참고로 '4%의 법칙'은 파이어족의 아버지라고 할 수 있는《파이낸셜 프리덤》의 저자 그랜드 사바티어를 통해 세상에 널리 알려졌습니다. 연 필요생활비의 25배(또는 나누기 4%)를 확보한다면 경제적 자유를 얻을 수 있다고 주장합니다. 즉, 1년에 총 자산의 4%씩만 꺼내쓰면 계좌가 바닥나지 않고 계속 유지된다는 것입니다.

이 법칙은 이미 1998년 연구였던 "지속 가능한 은퇴 자금의 인출률 고르기"라는 논문을 통해 증명되었습니다. 총자산의 4%

4%의 법칙

—

은퇴자금을 1년에 4%씩만 꺼내 쓰면
돈이 바닥나지 않고 계속 유지된다

씩만 빼서 사용한다고 했을 때, 약 30년간 원금을 유지할 수 있다는 결과가 나왔기 때문입니다. 심지어 채권 100%로 투자해도 30년 동안 매년 4%씩 인출이 가능하다는 결론이 나온 만큼 자신에게 필요한 총자산 규모를 미리 생각해보고 목표로 잡는 것을 추천합니다.

서대리의 경우, 1인 기준 월 200만 원 생활비를 생각하고 있기에 필요한 연간 생활비는 총 2,400만 원입니다. 하지만 서대리는 최소 20년 후에 연금수령이 가능하기 때문에 연간생활비에 물가상승률을 반영해야 합니다(2,400만 원 × $(1+2\%)^{20년}$). 그러면 실제 연금계좌에 모아야 하는 6억 원이 아니라 8억 9천만 원 정도 됩니다. 이런 식으로 본인의 은퇴 시점에 맞춰 목표금액을 계산해보시기 바랍니다. 긴 호흡으로 투자해야 하는 연금계좌

사례1 | **연금 시뮬레이션(단위: 원)**

구분	월납입	연평균 수익률	납입원금	수익	총 연금
연금저축	330,000	8%	118,800,000	376,297,409	495,097,409
개인형 IRP	150,000	5%	54,000,000	71,358,957	125,358,957
				합계	620,456,366
				4% 법칙 적용	**24,818,255**

를 운영하는 데 있어 목표금액이 훌륭한 이정표 역할을 해줄 것입니다[목표금액 계산 수식 = 200×(1+2%)^20×12×25=8억 9,156만원, 2%: 연평균 물가상승률, ^20: 20년 후 연금수령 시작, ×12: 연간생활비를 계산하기 위해 월 생활비에서 12를 곱함, ×25: 4%의 법칙을 계산하기 위해 연간 생활비에서 25를 곱함, 또는 4%로 나눠도 됨].

계산방식이 조금 복잡하긴 하지만 한번 알아두면 두고두고 도움이 되고, 이를 통해 나중에 본인이 실제 연금수령 계획을 세워볼 수 있습니다. 또한 막상 해보면 그렇게 어렵지 않고 단순 계산이기 때문에 한 단계씩 천천히 따라오길 바랍니다.

종합소득세가 얼마나 나오는지 알기 위해서는 기준인 과세표

표 | 연금 수령 시 공제액

총 연금액	공제액
350만 원 이하	총 연금액
350만 원 초과~ 700만 원이하	350만 원 + 350만 원을 초과하는 금액의 100분의 40
700만 원 초과~ 1,400만 원 이하	490만 원 + 700만 원을 초과하는 금액의 100분의 20
1,400만 원 초과	630만 원 + 1,400만 원을 초과하는 금액의 100분의 10

● 연금소득이 있는 거주자에 대해서는 해당 과세기간에 받은 총연금액(분리과세 연금소득 제외)에서 위의 표에 규정된 금액을 공제한다. 다만, 공제액이 900만 원을 초과하는 경우에는 900만 원을 공제한다.

준을 계산해야 합니다. 기본적으로 연금소득이 발생한다면 연간 수령하는 연금 규모에 따라 연금소득공제를 해줍니다. 연금 규모에 따라 소득공제액이 다른데 1년에 2,482만 원의 연금을 수령한다면 위 표의 가장 아랫단계인 1,400만 원 초과 구간에 해당합니다. 즉, 연금소득공제액이 738만 원이기 때문에 실제 수령한 연금인 2,482만 원에서 738만 원을 빼면 1차 과세표준이 나옵니다[연금소득공제액 : 630만 + {(2,482만 − 1,400만) × 10%} = 738만 원].

여기에 누구나 받을 수 있는 기본공제인 인적공제 150만 원을 추가로 빼주면 실제 연금소득에 대한 세금기준인 과세표준을 구할 수 있습니다.

물론 연금소득공제와 인적공제 외에 부양가족이나 기타 소득공제 항목 등에 따라 추가적인 소득공제가 가능하지만 이 부분은 독자의 상황에 따라 수많은 변수가 존재하기 때문에 누구에게나 해당하는 부분만으로 계산한다는 점, 참고해주세요.

그럼 실제 종합과세 기준이 되는 과세표준은 대략 1,594만 원이 됩니다. 이는 과세표준 1,400~5,000만 원 구간이기 때문에 15% 세율 구간이죠.

이를 통해 실제 내야 하는 세금을 계산해보면, 종합소득세는 131만 원이고 지방소득세는 13만 원입니다. 즉, 1년에 2,482만 원의 사적연금을 수령했을 때 종합과세로 내야 하는 세금은 총 144만 원 정도입니다. 수령한 연금 2,482만 원을 실제 낼 세금인 144만 원으로 나눠보면 5.8% 수준으로 연 1,500만 원 이하로 받아야 가능한 연금소득세 5.5%와 거의 차이가 없다는 것을 알 수 있습니다.

(현실에서는 안 되지만) 만약 2,482만 원을 연금소득세 5.5% 과세로 해결된다고 해도, 매달 받는 세후 연금 차이는 대략 6천 원 정도로 큰 차이가 없습니다. 어떤가요? 이 정도 세금 차이를 가지고 연금을 연 1,500만 원 넘게 받으면 세금폭탄이라고 할 수

표 | 2,482만 원 사적연금 수령에 따른 종합소득세 산출 과정

		종합과세	계산식
소득내역	국민연금		
	사적연금	2,482만 원	
	총 소득	2,482만 원	
소득공제	연금소득공제	-738만 원	630만+(2482만-1400만)×10%
	인적공제	-150만 원	1인 150만 원
	과세표준	1,594만 원	
실제 세금	종합소득세	131만 원	1,594만×15% -108만
	지방소득세	13만 원	131만×10%
	최종세액	144만 원	
	종합소득세율	5.8%	
월 수령액(세후)		195만 원	

있을까요? 저라면 그냥 종합과세 대상이 되고 연금을 넉넉하게 받는 것을 선택하겠습니다.

#사례2: 연금으로 연 4,237만 원 수령하는 경우

첫 번째 사례는 연금수령 규모가 작아서 그런 것일 뿐, 실제 수령하는 연금 규모가 커진다면 세금폭탄 맞는 것 아닐까 걱정하시는 분들을 위해 1년에 4,237만 원씩 연금수령할 때의 종합소득세도 계산해보겠습니다. 이번에도 연금저축에 매월 33만 원씩, 개인형 IRP에 15만 원씩 30년 투자했는데 연금투자가 대박나서 연평균 수익률이 11%가 된 상황입니다.

그러면 연금 계좌의 총액이 10억 5,933만 원이 되고 4%의 법칙에 따라 4,237만 원을 매년 연금으로 수령할 수 있다는 계산이 나오는데요. 그럼 실제 내야 하는 세금은 얼마나 될까요?

사례1과 마찬가지로 과세표준 계산을 위해 연금소득공제액부터 구해보겠습니다 1,400만 원을 초과했으니 이론상 연금소득공제액을 계산하면 914만 원이지만 공제 한도가 최대 900만 원이기 때문에 빼야 하는 연금소득공제액은 900만 원입니다. 여기에 인적공제로 150만 원을 추가로 빼면 과세표준은 3,187만 원이 됩니다. 첫 번째 사례와 마찬가지로 과세표준 15% 구간으로, 종합소득세는 370만 원, 지방소득세는 37만 원입니다.

즉, 1년에 4,237만 원의 사적연금을 수령할 경우 발생하는 종합소득세는 총 407만 원입니다. 실제 세율로 따지면 9.6% 수준이죠. 어떤가요. 세금폭탄인가요? 물론 5.5%인 연금소득세에 비해 내야 하는 세금이 늘어나긴 했지만 많은 분들이 걱정하시는 것처럼 연 1,500만 원이 넘으면 큰일날 정도의 세금은 절대 아닙니다.

#사례3: 사적연금 4,237만 원에 국민연금 1,800만 원도 함께 받는다면 세금은?

과세표준이 낮은 2단계가 아닌 3단계가 되면 진짜 세금폭탄이 된다고 생각하는 분들을 위해 3단계 구간인 24% 세율로도 계산해봤습니다. 사적연금 4,237만 원에 국민연금 1,800만 원도 함께 받는다는 가정으로 말이죠.

참고로 국민연금은 무조건 종합소득세에 계산되기 때문에 국민연금과 사적연금을 합치면 1년에 수령하는 연금은 총 6,037만 원이고 동일한 방식으로 종합소득세와 지방소득세를 계산하면 총 742만 원이 나옵니다. 실제 연금수령액 기준 세금 비중으로 따지면 12.3% 정도입니다.

물론 연금수령 규모가 이 정도쯤 되면 분리과세에 비해 확실히 많이 나오기는 합니다. 그러나 생각해보면 일반 계좌에서 국내상장 해외주식형 ETF 수익실현하거나 배당금을 받을 때 부과되는 세율인 15.4%보다도 낮은 세율입니다. 이것만 봐도 연금 계좌를 이용할 가치는 충분하다고 생각합니다.

거기에 연금저축과 IRP에 매년 납입한 576만 원에 대해서 세액공제를 받았습니다. 소득에 따라 30년간 매년, 76만 원에서 95만 원 정도 환급받은 것을 고려하면 절대 세금폭탄이라고 할 수 없습니다. 어떻게 보면 그냥 연금을 많이 받으니까 이에 따라 세금을 더 내는 수준이고 오히려 일반 계좌에서 동일한 해외주식형 ETF에 투자하는 것보다 세율이 낮은 절세방법입니다.

즉, 세금이 무서워서 연금을 연1,500만 원 넘게 받으면 안 된다는 얘기는 '회사에서는 월급으로 300만 원을 주겠다는데 세금이 무서워서 100만 원만 받겠다'고 말하는 격입니다.

결국 연금수령액에 따른 세금폭탄 문제의 핵심은 단순히 "연금으로 1년에 1,500만 원 넘게 받는지"가 아니라 연금을 포함한 다양한 소득의 합이 전부 얼마가 되느냐가 중요합니다. 연금을 많이 받고 그 외 소득이 없다면 걱정하는 세금폭탄을 맞을 확률도 적습니다. 그 대신 연금수령할 때 근로소득이나 배당소득이 빵빵한데 연금소득까지 추가로 연간 1,500만 원 넘게 받으면 우려했던 세금폭탄을 맞을 수도 있겠죠.

그래서 연금수령 전략을 짤 때 연금 외 소득이 있는지, 그리고 그 소득만으로 생활이 가능한지에 따라 사적연금 수령 시점과 금액을 늘려가면 됩니다. 연금수령이 가능한 55세에 근로소득

표 | 연금 종류별 수령 가능한 연령

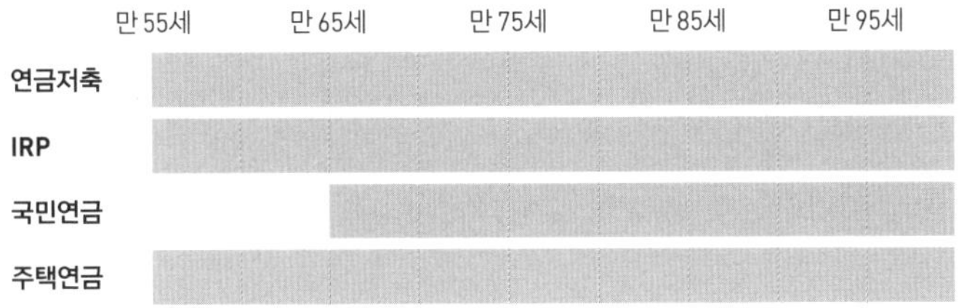

과 배당소득이 충분해 연금 없이도 생활이 가능하다면 연금수령은 최대한 미뤄뒀다가 소득이 사라졌을 때부터 연금수령액을 늘려가는 전략을 짜면 되기 때문입니다. 연금수령을 미루는 동안 계속 투자하여 계좌를 불릴 수 있다는 장점도 있습니다.

연금 외 소득만으로는 생활비가 부족하다면 연금을 연간 1,500만 원 이하로만 수령하여 분리과세 혜택을 받다가 연금 외 소득이 사라졌을 때 연금수령액을 늘려 연금만 종합과세 대상이 되는 방법도 생각해볼 수 있습니다. 그리고 국민연금이 지급되는 65세부터는 국민연금까지 함께 고려하여 노후 현금흐름을 설계하면 됩니다. 국민연금뿐만 아니라 주택연금 등 다양한 연금을 활용하여 사적연금 수령시점과 금액을 조절해주면

베스트입니다.

연금저축과 개인형 IRP는 최대한 늦게 받을수록 연금소득세 역시 낮아지는 효과가 있다 보니 국민연금이나 주택연금, 그외 소득 등이 여유 있다면 굳이 미리 개시하지 않고 계속 계좌 규모를 불려나가는 데 집중하면 좋습니다.

#연 1,500만 원 이하로 수령해도 종합과세가 유리할 수도 있다

많은 분들이 모르고 있는 내용인데 연 1,500만 원 이하로 사적연금을 수령해도 종합과세가 될 수 있습니다. 사적연금은 애초에 연금소득이 연 1,500만 원이 넘지 않아도 연금수령자가 원할 경우 종합과세 신청을 할 수 있습니다. 연금소득세 분리과세로 할지, 종합소득세로 낼지 본인이 직접 결정할 수 있는 것입니다.

"당연히 분리과세(저율의 연금소득세)로 하는 게 이득 아닌가?" 라고 생각할 수 있지만 실제 세금을 계산해보면 충격적인(?) 결과가 나오는데요. 많은 분들이 "연금소득이 종합과세되면 큰일 난다"고 생각하지만 다른 소득 없이 연금만 연 1,500만 원 이내로 받으면 종합과세 최종세액이 분리과세로 내야 하는 세금보다 적습니다.

표 | 연 1,500만 원 연금 수령 시 세금 비교

	분리과세 (연금소득세)	종합과세 적용 시
총 연금액	1,500만 원	1,500만 원
연금소득공제	-	-640만 원
인적공제	-	-150만 원
세율	5.5%	6.6%
최종세액	83만 원	47만 원
절세 효과		-36만 원

위의 표처럼 연 1,500만 원 연금소득이 발생할 때 종합과세로 선택하면 분리과세보다 무려 36만 원이나 세금을 아낄 수 있습니다. 어떤가요? 이래도 연금을 수령할 때 종합과세가 되면 무조건 큰일날까요? 물론 아무 소득 없이 1년에 1,500만 원만으로 사는 것은 쉽지 않지만 "종합소득세 신고 대상자가 된다고 해서 무조건 나쁜 것은 아니다"라는 사실을 꼭 기억해주셨으면 합니다.

건강보험료도 오른다던데 사실일까?

연 1,500만 원 이상의 연금을 수령하면 종합소득세 세금폭탄 맞는다는 루머에 이어 건강보험료도 폭증한다는 괴담이 있습니다. 이 부분도 결론부터 이야기하자면 사실이 아닙니다.

2024년 기준으로 개인이 납입한 연금저축과 개인형 IRP에서 발생한 연금소득에는 건강보험료를 부과하지 않기 때문입니다. 건강보험료 부과 대상은 공적연금 소득에만 해당하며, 이는 국민연금, 공무원연금, 사학연금, 군인연금, 우체국연금 등이 있습니다.

즉, 연금저축과 개인형 IRP 연금수령으로 인한 건강보험료 인상은 걱정할 필요 없습니다. 또한 앞에서 살펴본 것처럼 연금을 많이 받아 종합소득세 대상이 되어 세금 폭탄 맞는 것을 걱정할 필요가 없습니다. 우리가 걱정해야할 점은 "내가 투자하는 종목이 앞으로도 우상향할 것인가", "나는 20~30년 이상 꾸준히 투자할 수 있는 투자환경을 만들 수 있는가"입니다. 많이 벌고 많이 받는 데만 집중해도 충분합니다.

다만 건강보험료 재정 고갈 문제로 사적연금에도 건보료를 부과해야 한다는 이야기가 매년 나오고 있습니다. 그래서 미래에는 사적연금에도 건보료가 부과될 수 있습니다. 하지만 여기에 건보료를 떼더라도 일반계좌에서 배당금을 받아 쓰는 것보다 유리하기 때문에 연금저축펀드는 개인투자자에게 필수 아이템입니다.

돈이 많아서 세금 걱정하는 것과, 돈이 부족해서 생활비 걱정하는 것 중 하나를 선택해야 한다면 어떤 것을 고르실 건가요? 아마 100명 중에 99명은 전자를 선택할 것입니다. "젊었을 때는 돈이 전부인 줄 알았는데 늙어보니 그게 맞더라"라고 얘기한 오스카 와일드의 명언(?)처럼 돈이 넉넉하면 하기 싫은 일들을 안 해도 되는 권리를 갖기 때문입니다.

그리고 애초에 4%의 법칙에 따라 연금 계좌에서 연 1,500만 원씩 걱정 없이 빼서 쓰려면, 계좌에 최소 4억 원이 있어야 합니다. 그렇기 때문에 종합소득세 세금 걱정은 우선 연금 계좌에 4억 원부터 만들고 나서 하셔도 충분합니다.

서대리는 30년 후 연금으로만 연 1,500만 원이 아니라 연 4,000만 원씩 받는 것을 목표로 하고 있고, 책에서 소개한 내용 그대로 꾸준히 투자하여 목표 달성하는 모습을 보여드리겠습니다. 이 여정은 유튜브 채널을 통해 매월 공유하고 있습니다. 유튜브 "서대리TV"에서는 주가가 상승할 때나 폭락할 때나 연금

투자에 집중해 계획한 수익률을 올리고 있는 S&P500 ETF의 후기와 유익한 금융 정보를 공유하고 있습니다. 독자분들의 많은 시청 바랍니다.

연금투자 시 만나면 안 되는 세금, 기타소득세

지금까지는 연금투자를 성공적으로 마쳐서 만 55세 이후에 연금을 어떻게, 또한 얼마나 받을 것인가에 대한 해피엔딩 이야기를 소개했다면, 이번에는 새드엔딩을 준비해봤습니다.

연금수령을 시작하기 전에 의도치 않은 일로 연금 계좌를 전부 또는 일부 깨야 하는 상황이 발생할 수 있습니다. 그러면 기타소득세라는 명목으로 인출한 금액에서 16.5%를 떼고 받아야 합니다. 자세하게 나눠보면 조금씩 다르긴 한데요. 연금 계좌에 들어 있는 돈을 크게 3가지 종류의 돈으로 구분할 수 있습니다.

여기서 A와 C는 연금저축 계좌에서 먼저 인출할 경우, 기본적으로 16.5%의 기타소득세를 내고 돌려받게 됩니다. 그러다 보니 소득 규모에 따라 손실을 볼 수도 있습니다.

연봉 5,500만 원 이상인 분이 연금저축에 입금하여 13.2%의 세액공제 혜택을 받았다가 추후 사정이 생겨 연금저축에서 돈

연금계좌 속 돈의 3가지 형태

—

A 내가 계좌에 넣고 세액공제 받은 돈

B 내가 계좌에 넣고 세액공제 받지 않은 돈

C 투자해서 번 수익과 ETF 분배금

을 빼게 되면 16.5%의 세금을 떼가기 때문이죠. 연봉 5,500만 원 이하라면 16.5% 세액이 공제되기 때문에 받은 혜택을 그대로 돌려주는 정도라 그나마 낫지만 말이죠.

그리고 투자해서 발생한 수익에 대해서도 인출할 경우 16.5%의 세금이 발생하는데, 이 역시 상대적으로 손해입니다. 일반 계좌에서 TIGER 미국S&P500 투자로 매도 차익을 냈다면 15.4%의 배당소득세가 과세되지만 연금 계좌에서 중도 인출할 경우 16.5%나 떼가기 때문입니다.

중도인출하는 순간 높은 세율로 인해 수익이 확 줄어들고 경우에 따라서 받았던 혜택보다 더 토해낼 수 있기 때문에 연금저축과 개인형 IRP는 가능하면 연금을 개시할 수 있는 만 55세까지 유지하는 것을 추천합니다. 그래야 연금저축계좌의 진정한 힘이 발휘되기 때문입니다.

그나마 세액공제를 받지 않은 투자원금(B)는 인출해도 16.5%의 기타소득세를 내지 않고 그대로 받을 수 있기 때문에 만약 돈이 필요하여 중도인출을 고려하는 분들이라면 B가 있는지부터 파악해야 합니다. 기본적으로 연금 계좌의 돈을 중도 인출하게 될 경우, 손해를 볼 확률이 높은 만큼 무리한 연금투자보다는 여유자금을 중심으로 한 투자계획 세팅을 추천합니다.

그러다 보니 결혼이나 내집마련, 출산, 자동차 구매처럼 큰돈이 필요한 인생 이벤트가 있는 경우라면 연금저축펀드 투자가 부담스러울 수 있습니다. 이제 막 취업을 했거나 결혼을 앞둔 2030세대라면 특히 그럴 텐데요. 이성적으로 생각하면 맞습니다. 하지만 그럼에도 연금저축 계좌를 개설해 매달 3만 원씩 투자하는 것을 추천합니다. 3만 원도 부담스럽다면 S&P500 ETF 1주씩만이라도 매달 모아가는 겁니다(약 1만 원대). 그리고 이 돈을 큰돈 써야 할 때도 깨지 않고 그냥 둡니다.

솔직히 월 1만 원씩 20년, 30년 투자한다고 해서 노후를 책임질 만큼 엄청난 자산이 되지 못합니다. 하지만 분명 이 과정에서 얻는 게 있습니다. 우선 단돈 1만 원이라도 내 돈이 들어가면 '연금'과 '노후'에 관심 갖게 됩니다. 사람들은 보통 40대 넘어서 노후에 관심 갖고 준비하기 시작합니다. '은퇴 후'가 슬슬 체감되기 때문이죠. 하지만 적은 돈이라도 젊을 때부터 연금저축펀드를 시작했다면 조금이라도 노후 준비를 일찍 하게 됩니다.

또한 최소 5년, 보통 20년 이상 투자하는 연금계좌 특성상 장기투자를 할 수밖에 없습니다. 이때 1만 원이라도 꾸준히 투자하고 있다는 경험은 장기투자 습관으로 이어집니다. S&P500 ETF 투자가 안정적이라는 얘기를 듣고 많은 분들이 모아가기 시작하지만 중도에 포기합니다. 하지만 연금저축펀드로 소액이라도 조금씩 투자하면서 습관과 믿음을 쌓았다면 포기할 확률은 그만큼 낮아질 겁니다. "고기도 먹어본 사람이 잘 먹는다"는 말처럼 연금계좌도 마찬가지입니다.

특히 계좌에 찍혀 있는 수익률이 장기투자의 부적이 됩니다. 제 연금계좌에는 2019년 8월에 처음 매수를 시작한 TIGER 미국나스닥100 ETF가 있습니다. 2021년 2월까지는 월적립 매수를 하다 ACE 미국나스닥100으로 월적립 매수할 종목을 바꿨지만 TIGER는 팔지 않고 계속 계좌에 남겨뒀습니다. 그 결과, 5년 만에 수익률 100%가 넘었습니다(2024년 7월 기준). 수익률을 보고 있으면 "꾸준히 투자하면 된다"는 믿음이 생길 수밖에

에 없습니다. 5년 만에 투자한 돈이 2배가 되었다는 것을 두 눈으로 똑똑히 보게 되면 남들이 투자를 하지 말라고 해도 하게 될 겁니다. 일찍 시작한 연금계좌 수익률을 보고 있으면 자연스럽게 장기투자를 유지할 수 있는 원동력이 되는 이유입니다.

이 책을 보고 있는 지금, 아직 연금저축펀드가 없다면 계좌를 만들고 S&P500 ETF를 매수해보면 어떨까요?

7

개별종목 투자의 기술

앞에서 소개했던 자료들을 바탕으로 개인투자자에게는 시장지수 ETF가 가장 적합한 투자방법이라는 사실을 알 수 있었습니다. 이 책의 핵심인 연금저축계좌에서는 해외 개별 종목에 투자하지 못하기도 하고요. 그래서 연금계좌뿐 아니라 일반 주식계좌에서도 S&P500 ETF를 모아가는 것이 가장 확실한 자본주의 생존 기술입니다.

하지만 인간의 도전정신 DNA(?) 덕분에 시장지수를 높은 수익률 격차로 압도하는 방법에 대한 연구는 끊임없이 이어지고 있고, 이 방법에 대한 일환으로 ETF 투자가 아닌 개별종목에 투자하는 분들이 정말 많습니다. 실제로 테슬라나 애플과 같은 개별 종목들에 투자하여 S&P500보다 더 높은 수익률을 기록하기도 합니다. 물론 반대의 경우도 당연히 존재하고요.

이처럼 시장지수 ETF인 S&P500 ETF 대신 개별 종목에 투자하는 이유는 결국 "내가 선택한 종목들이 S&P500을 이길 수 있다"는 믿음에서 시작됩니다. 하지만 역사가 증명했듯이 개별 종목에 투자한다고 해서 무조건 S&P500을 이길 수 있는 것이 아니다 보니 개별종목 주식 투자를 고려한다면 어떤 종목을 선택해야 할지 고민되실 겁니다.

특히나 요즘처럼 정보의 홍수 시대에는 투자하기 매력적인 종목들이 넘쳐납니다. 10년 후 10배 갈 수 있는 종목이라는 유튜브나 블로그 콘텐츠부터 시작해서, 정보를 접할 수 있는 방법이 워낙 많기 때문입니다.

문제는 실제로 이 정보를 보고 투자했지만 오르지 않거나, 오히려 더 떨어지는 경우입니다. 오를 것이라는 예상과 다르게 계속 떨어지기만 하면 종목에 대한 의심은 점점 심해집니다. 주식 투자 커뮤니티나 게시판, 유튜브 등을 통해 자료를 찾다 보면 투자한 종목에 대한 각종 욕과 조롱이 난무하다 보니 결국 손절하게 됩니다. 그런데 막상 내가 손절하고 나면 주식이 또 오르는 현상을 목격합니다.

이론적으로, 그리고 합리적인 관점에서 보면 개별종목 투자는 개인에게 있어 승률이 낮은 투자 방법입니다. 월스트리트의 펀드 매니저 대부분이 S&P500을 이기지 못한다는 사실만 봐도 알 수 있습니다.

이런 수많은 난관 속에서도 많은 사람들은 시장지수 ETF가 아닌 개별종목 투자를 선택합니다. 저 역시 일반 주식계좌 포트폴리오의 일부는 개별종목으로 채우고 있습니다. 서대리가 개별종목을 투자하는 이유는 간단합니다. 시장지수보다 조금 더 높은 연평균 수익률을 목표로 하기 때문입니다

제가 설정한 경제적 자유를 달성하기 위한 최소 연평균 수익률은 12%입니다. S&P500 ETF 연평균 수익률이 (기간에 따라) 8~10% 정도 되기 때문에 시장지수를 뛰어넘는 투자 방법이 필요합니다. 이를 위한 목적달성 수단으로 서대리는 개별종목 투자를 선택했습니다.

물론 모든 투자가 그렇듯이 확실한 수익을 낼 수 있는 정답은 이 세상에 존재하지 않습니다. 그래도 S&P500보다 조금 더 높은 수익률을 목표로 하는 서대리의 개별종목 선정 기준을 소개하고자 합니다. 참고로 연금투자방식처럼 기본적으로 돈과 시간을 함께 투자하는 장기투자 스타일이기 때문에 이 부분을 감안하시길 바랍니다.

경제적 해자 기업에 투자하라

개별종목을 선정하는 서대리의 첫 번째 기준은 분야별 대장 기업들에만 투자하는 것입니다. 공부를 잘하고 노하우가 있는 학생이 더 좋은 대학에 갈 확률이 높은 것처럼 지금도 돈을 잘 벌고 시장지배력이 높은 기업이 앞으로도 돈을 잘 벌 확률이 아무래도 더 높기 때문입니다.

해자(垓子)는 적의 침입을 막기 위해 성이나 고분 둘레를 감싸 파놓은 연못을 말합니다. '경제적 해자'는 워런 버핏이 버크셔 해서웨이 연례보고서에 언급하면서 널리 알려진 개념으로, 신규 참여자들에 대한 진입장벽이 공고히 구축돼 지속적인 경쟁우위를 유지한다는 의미입니다. 타의 추종을 불허하는 분야별 압도적 1등 기업을 뜻합니다.

주가는 그 기업의 실적인 EPS와 시장의 기대감인 PER의 곱으로 이뤄지는 만큼, 투자하려는 기업의 실적과 시장점유율이 꾸준히 상승한다면 그 기업의 가치를 수치화한 주가 역시 시간이 지남에 따라 상승할 수밖에 없습니다. 물론 기업의 가치와 주가의 방향이 그대로 일치하지는 않고 시간차가 있긴 합니다. 대신 이런 시간차 덕분에 눈치 빠른 투자자들이 미리 선점하여 높은 수익을 올립니다.

여러분들이 결승전을 앞둔 축구팀 감독이라고 가정해보겠습니다. 그렇다면 결승전 선발 출전 선수명단을 어떻게 구성하시겠습니까? 아마 대부분은 각 포지션별로 최고의 선수들을 출전시킬 것입니다. 부상이나 다른 특별한 이유가 없다면 현재 팀 내에서 최고의 평가를 받는 선수들로 선발명단을 꾸릴 것입니다. 한두 명의 신인이나 예상 외의 선수를 조커카드로 기용할 수 있겠지만 출전 선수의 절반 이상을 조커카드로 구성할 분들은 거의 없을 것입니다. 주식투자가 이 상황과 같습니다.

투자의 '투'가 던질 '투(投)'라는 한자인 것처럼 주식투자는 노동이나 다양한 활동을 통해서 번 소중한 돈을 차가운 자본주의 세상에 던지는 것입니다. 그리고 여기서 생존하여 더 큰돈으로 만드는 일종의 게임이라고 할 수 있습니다.

그렇기 때문에 투자할 수 있는 자본의 한계가 있는 직장인 투자자라면 자본주의 세계에서 검증된 선수들을 중심으로 영입해야 합니다. 그리고 당연히 전 세계 1등 기업들이 이에 해당합니다. 물론 지금 잘나가는 기업들이 미래에도 계속 잘나간다는 보장은 없지만, 돈을 쓸어 담는 기업들이 여태까지 그랬던 것처럼 앞으로도 살아남아 돈을 쓸어 담을 확률이 더 높기 때문입니다.

우리가 투자를 하고 주가 하락을 걱정하는 가장 큰 이유는 투자한 주식에 대한 믿음이 부족하기 때문입니다. 이런 문제를 해결할 수 있는 가장 확실한 방법은 압도적 1등 기업에 투자하는 것입니다. 왜 스포츠 이적 시장에서 많은 돈을 지불하면서까지 검증된 선수들을 데려오려고 하는지 생각해보면 이해가 쉽습니다. 오자마자 잘할 것이라 기대하기 때문입니다. 흔히 말하는 '돈값'을 하는거죠.

물론 이렇게 투자하면 원하는 만큼의 투자수익률이 나오지 않을 수도 있습니다. 주식투자는 성장주를 잘 발굴해서 몇백 또는 몇천 %의 수익률을 노리는 것이라고 생각하는 분들도 계실 겁니다. 당연히 그렇게 투자해서 성공할 자신이 있으면 그 방법대로 하면 됩니다.

하지만 그렇게 미래를 지배할 기업을 고를 능력을 갖기가 쉽지 않습니다. 주식투자로 가장 성공한 워런 버핏도 가끔 실수를 인정하고 손절하기도 합니다. 앞으로 1등이 될 기업을 찾는 것이 얼마나 어려운 일인지 새삼 깨닫게 됩니다.

또한 직장인 투자자에게 더 중요한 것은 수익률보다 원금을 잃지 않는 것입니다. 만약 투자에 실패해서 우리의 소중한 시드머니를 잃게 된다면 다시 모으기까지 많은 시간이 걸리기 때문입니다. 앞에서 예로 든 축구감독 이야기를 이어나가보겠습니다. 축구감독의 잘못된 지도로 팀의 실적이 점점 안 좋아진다면 감독은 해고될 겁니다. 근데 이런 감독들은 이미 많은 돈을 받았기 때문에 막말로 잘려도 사는 데 지장이 없습니다.

하지만 평범한 직장인 투자자라면 이야기가 다릅니다. 우리는 집도 사야 하고 자녀들도 키워야 하고 앞으로 돈 들어갈 데가 정말 많은데 이 돈이 줄어들거나 사라진다면 원하는 미래는 더더욱 멀어질 수밖에 없습니다. 극단적으로는 생존이 어려워질 수도 있다는 것이죠.

또한 그동안의 주식투자 성과가 아무리 좋았다고 해도 어느 한 순간 마이너스(-)가 계속되면 복리의 마법이 아닌 복리의 저주가 찾아옵니다. 그렇기 때문에 업계의 압도적 1위 기업들 위주로 투자하는 것이 평범한 직장인 투자자에게 가장 안전하면서도 마음 편한 투자 방법입니다.

생활 속 기업에 투자하는 게 중요한 이유

기본적으로 사람들은 눈으로 직접 봐야 확실하게 믿는 경향이 있습니다. 그렇기 때문에 실생활에서 내가 직접 사용하는 제품과 서비스를 제공하는 기업들에 투자한다면, 그리고 자신을 포함해 수많은 사람들이 해당 제품과 서비스에 열광하는 모습을 본다면 그 기업에 대한 믿음이 더욱 단단해지고 오래 투자할 수 있습니다.

앞에서 설명한 것처럼, 주가는 기업의 실적인 EPS와 기업의 기대감인 PER의 곱입니다. 하지만 이 두 가지 변수를 정확하게 측정할 수 있는 방법이 아직까지는 존재하지 않습니다. 일단 PER의 경우, 날고 긴다는 금융업계 종사자들도 늘상 틀리는 영역입니다.

증권사 애널리스트들마다 테슬라의 목표주가를 계산할 때, 서로 다른 PER을 선택하고 이에 따라 목표주가 역시 그 격차가 크게 달라집니다. 기대감과 프리미엄이라는 것이 어떻게 보면 사람의 주관이나 의견이 더 강하게 들어가다 보니 이런 현상이 발생합니다.

반대로 기업의 실적을 의미하는 EPS는 그나마 PER보다는 예측이 가능합니다. 기본적으로 기업들이 매 분기마다 실적 발표를 하고 다음 분기 전망을 자세하게 설명해주기 때문입니다. 물론 그렇다고 해서 실적 자체를 정확하게 예측하는 것 역시 쉽지 않습니다. 실제로 골드만삭스와 같은 전문가집단도 자주 틀리는 것을 심심치 않게 목격할 수 있습니다.

이런 현실 속에서 투자의 전설 피터 린치는 "당신이 약간의 신경만 쓰면 직장이나 동네 쇼핑상가 등에서 월스트리트 전문가들보다 훨씬 앞서 굉장한 종목들을 골라 가질 수 있다"고 했습니다. 실제로 매우 복잡한 과정을 거쳐 정량적인 분석을 하는 것보다 실생활에서 주변 사람들이 해당 기업의 서비스나 제품을 얼마나 이용하는지, 얼마나 좋아하는지만 살펴봐도 그 기업의 실적과 가치에 대한 믿음이 생길 수밖에 없습니다.

아침부터 저녁까지 애플 아이폰을 이용하고, 여유시간에 유튜브를 시청하고, 새로운 운동화가 출시됐다는 소식에 나이키 홈페이지에 들어가며, 해외직구를 위해 비자카드를 이용해 아마존에서 결제합니다. 그리고 밤에는 오랜만에 넷플릭스에서 새롭게 출시된 영화를 보죠. 직장인들이라면 대부분 비슷할 생활 패턴을 가지고 있을 것입니다. 그래서 나의 생활에서 투자할 기업이 잘 떠오르지 않는다면 가족이나 친구, 주변 직장동료들의 일상을 한번씩 관찰해보는 것을 추천합니다.

참고로 생활 속에 투자할 기업을 지나치게 자세히 관찰할 필요도 없습니다. 특정 기업들이 시장에서 압도적인 영향력을 갖

표 | 애플의 역대 주가지수

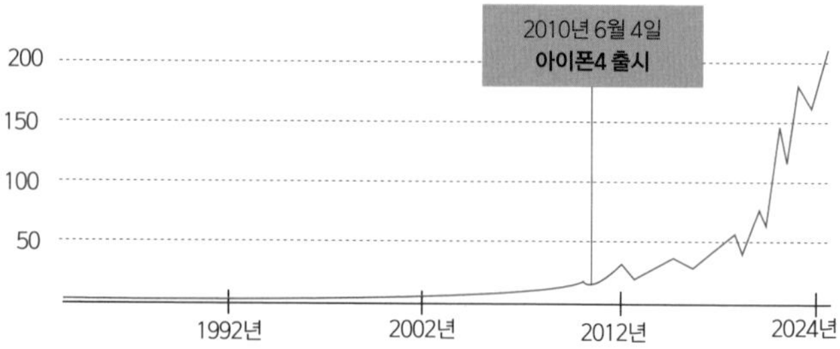

고 있을 때만 투자했어도 남부럽지 않은 수익률을 기록할 수 있기 때문입니다. 아이폰이 세상에 처음 나온 시점이 아닌, 전성기 시절인 아이폰4 출시 시점에만 투자했어도 2024년 7월 기준 애플 주가수익률은 무려 2,200%가 넘습니다. 2011년 스티브 잡스 사후 매년 신제품이 발표될 때마다 혁신이 없다고 언론이 비판하는 애플인데도 이 정도 수익률입니다.

그래서 서대리는 개별종목을 선정할 때 되도록 B2C 비즈니스 기반인 기업들에서 선정합니다(B2C: Business to Consumer, 기업에서 소비자에게 제품이나 서비스를 제공하는 거래). 내가 투자한 기업들의 제품과 서비스를 두 눈으로 직접 보고 체험할 수 있기 때문에 주가가 하락해도 믿고 기다릴 수 있는 힘이 생깁니다. 주가라는 숫자가 떨어진 것일 뿐 기업의 영향력과 성장세가 눈으로 보이기 때문에 믿고 기다리거나 추가 매수할 수 있는 자신감을 얻을 수 있습니다.

하지만 많은 분들이 실생활에서 쉽게 접할 수 있는 기업들에 투자하는 것은 투자가 아니라고 생각하는 경향이 있습니다. 주식투자라 하면 다가올 4차 산업 시대에 맞춰 세상을 바꿔줄 인공지능이나 양자컴퓨터, 메타버스 관련 기업, 친환경 에너지 관련 기업들과 같이 앞으로의 변화를 이끌 기업들에 투자해야 한다고 생각하는 분들도 많습니다.

실제로 구독자들이 제게 어떤 종목에 투자하냐고 물어보면 "애플, 마이크로소프트, 알파벳, 테슬라, 삼성전자에 투자합니다"라고 이야기합니다. 그러면 돌아오는 대답은 둘 중 하나입니다. "우량주에 투자하고 있네요. 저도 이제부터 우량주에 투자하려고요" 또는 "그런 무거운 종목들 말고 앞으로 폭발적으로 성장할 종목들은 없어요? 인공지능이나 메타버스, 자율주행 이런 쪽으로요"라고요.

하지만 신기한 것은 주식시장이 상승장일 때는 2번 대답 비중이 압도적으로 많고, 하락장일 때는 1번 대답 비중이 높아진다는 것입니다. 왜 그럴까요?

실제로 중소형 성장주에 투자하여 큰 수익을 볼 수도 있습니다. 하지만 투자하는 과정에서 주가가 급락한다면 그 기업을 믿고 기다릴 수 있을까요? 과연 이 기업이 메타버스 업계에서 1인자가 될 수 있을지, 앞으로의 트렌드가 메타버스가 아닌 다른 산업으로 갑자기 바뀌는 것 아닌지 등 무수히 많은 심리적 압박을 받을 수밖에 없습니다.

해당 분야 전문가라 해도 이에 대한 확신은 할 수 없을 것입니다. 앞으로 자율주행, 인공지능 산업을 이끌 기업을 꼽을 때 테슬라, 알파벳, 엔비디아 등 전문가들마다 의견이 다른 것만 봐도 알 수 있습니다. 주식투자는 긴 시간 동안 변동성을 얼마나 잘 버티는가에 따라 수익이 늘어나게 되어 있고, 마음 편하게 버틸 수 있는 믿음은 실제 눈으로 볼 수 있는 '경험'에서 나옵니다.

아마존 창업자인 제프 베조스는 인터뷰에서 다음과 같은 말을 했습니다.

> 저는 '10년 후에는 뭐가 바뀔 것 같습니까?'와 같은 질문을 자주 받습니다. 그 질문도 흥미롭기는 하죠. 그런데 아무도 '10년 후에도 바뀌지 않을 게 뭘까요?'라는 질문은 안 하더군요. 제

생각엔 이 질문이 더 중요하다고 봅니다. 왜냐하면 시간이 지나도 변하지 않는 것을 중심으로 사업전략을 짤 수 있기 때문입니다.

우리가 속한 리테일 비즈니스에서는 항상 소비자들이 낮은 가격을 원한다는 것을 알고 있습니다. 이건 10년이 지나도 바뀌지 않을 겁니다. 또 소비자들은 빠른 배송을 원하고, 물건을 고를 때 다양한 선택의 폭을 원합니다. 10년 후에 소비자가 저에게 와서 '전 아마존을 좋아하지만, 물건값 좀 올려 받으면 좋겠네요'라고 말하는건 상상할 수 없습니다. 마찬가지로 '배송 좀 천천히 해주세요'라는 말도 나올 리가 없죠. 그래서 우리는 이런 일들을 위해 많은 투자와 노력을 합니다. 오랜 시간이 흘러도 변하지 않는 사실이 뭔지를 안다면, 거기에는 큰 투자와 노력을 해도 좋을 것입니다."

변화를 예측하는 것보다 변하지 않을 것들에 집중하는 것이 더욱 효율적이고 확률도 높다는 것입니다. 결국 변하지 않는 것은 무엇일까요? 그건 바로 "사람들은 지금보다 더욱 편리하고 저렴하며 재밌는 것을 찾는다"는 점입니다. 즉, 사람들이 많이 쓰는 상품이나 서비스는 인간의 본능에 부합하는 것이고, 모든 비즈니스가 인간을 중심으로 돌아가기 때문에 실생활에서 볼 수 있는 기업들 위주로 포트폴리오를 구성해도 충분하다고 생각합니다.

하락장의 공포를 이기고 매수하는 방법

투자할 개별종목이나 시장지수 ETF를 선택했다면, 그리고 실제 투자까지 했다면 남은 것은 기다림뿐입니다. 돈뿐만 아니라 시간을 함께 투자할 때 주식투자로 수익 낼 확률이 올라가기 때문이죠.

하지만 아무것도 안 하고 기다리기만 하는 것보다 수익률을 더욱 높일 수 있는 방법이 있습니다. 바로 하락장에서 추가 매수하는 것입니다. 어차피 긴 호흡으로 투자했을 때, 주가의 우상향을 믿는다면 시장의 변동성으로 인해 주가가 일시적으로 하락한 구간은 투자수익률을 높일 수 있는 기회이기 때문입니다. '위기'와 '기회'라는 단어에는 '기'라는 글자가 공통으로 들어갑니다. '위기회'로 이어지는 것처럼 위기는 곧 기회가 되는 것이죠.

물론 실제 하락장에서 저가 매수를 행동으로 옮기는 것은 결코 쉽지 않습니다. 시장의 공포를 이겨내고 매수 버튼을 누를 수 있는 나름의 '결단력'이 필요합니다.

지금이 하락장의 시작일지, 아니면 본격 반등의 시작일지, 알 수 없다 보니 매번 하락장을 만날 때마다 추가 매수를 고민하시는 분들이 많습니다. 다행히 서대리는 여러 가지 훈련(?)을 통해 하락장에서도 마음 편하게, 그리고 계획대로 추가 매수할 수 있는 매수 습관을 가지고 있습니다. 2가지 훈련방법을 소개하고자 합니다.

#1: 기계적 적립식 매수

첫 번째 훈련은 월 적립식 매수입니다. S&P500 ETF나 나스닥 ETF처럼 신앙심(?)이 있는 종목이라면 월급날 적립식으로 모아갑니다. 실제로 서대리는 월급날마다 200~250만 원 정도 정해진 종목들을 주식 가격을 생각하지 않고 '기계식 매수'하고 있습니다. 지금도 좋지만 앞으로도 기대가 되는 종목들이기도 하고 주가 예측을 할 수 없다는 사실을 인정하기 때문에 주가보다는 수량을 늘려가는 데 초점을 맞춥니다.

주가가 신고가를 찍든, 최저가를 찍든 상관없이 월급날마다 기계적으로 매수 버튼을 누르다 보면 오랜만에 찾아오는 하락장에서의 주가는 너무나도 매력적으로 보일 수밖에 없습니다.

말 그대로 바겐세일을 하는 것 같은 심리적 효과를 얻을 수 있죠. 제가 좋아하는 참치회를 사러 마트에 갔는데 마침 30% 타임세일하는 것과 같습니다. 할인을 하고 있으면 당연히 구매할 수밖에 없습니다.

이처럼 마트에 가서 장 보는 것을 주식투자라고 생각하고 할인 행사가 하락장이라고 생각하면 간단합니다. 그런데 이런 할인 행사는 생각보다 자주 있습니다. 마찬가지로 주식시장에서 하락장도 생각보다 자주 있습니다. 피터 린치가 이야기한 것처럼 주식시장이 하락하는 것은 1월에 눈보라 치는 것만큼 일상적인 일이니까요.

매월 매수할 때마다 다른 점은 '주가'라는 숫자뿐입니다. 기업의 경쟁력은 여전히 그대로이고 앞으로도 기대가 되는 종목이라면 하락장은 좋은 주식을 저렴한 가격에 '줍줍'할 수 있는 정말 좋은 기회라고 생각이 바뀌게 됩니다. 주식을 언제 사야 할지 고민된다면, 우선 심플하게 월급날마다 1회 적립식으로 꾸준히 모아보시기 바랍니다. 생각했던 것보다 수익률이 잘 나온다는 사실에 한번 놀라고 나중에 만날 하락장에서도 매수를 잘하게 되는 내 모습에 또 한번 더 놀라게 될 것입니다.

#2 작은 성공 경험 쌓기

하락장에서 걱정 없이 매수할 수 있는 두 번째 훈련은, 아이러니하지만 하락장에서 매수하여 실제 괜찮은 수익률을 얻어보는 것입니다. 즉, 작지만 나름의 성공 경험들을 쌓아 자신감을 불어넣는 방법입니다. 이론으로만 배웠던 "위기 속에 기회가 있다는" 속담(?)을 행동으로 옮겼더니 진짜 보상을 얻을 수 있다는 사실을 몸으로 직접 체험하는 것이죠.

인간은 절대로 '보상' 없이 움직이지 않습니다. 이 보상이라는 개념이 물질적 보상이든 심리적 보상이든, 당장 눈앞에 있는 보상이든, 저 멀리 놓여 있는 보상이든 상관없습니다. 이 관점에서 봤을 때 하락장에서 추가 매수하여 보상(투자수익률)을 받았던 경험만 있다면 마음 편하게, 그리고 계획대로 하락장에서 '줍줍' 할 수 있는 자신감이 생깁니다.

어떻게 보면 이 방법은 "닭이 먼저냐 달갈이 먼저냐"와 같은 이야기일 수도 있습니다. 하락장에서 매수 버튼을 잘 누르지 못해 고민인데 하락장에서 잘 주워본(?) 경험이 필요하다고 하니까요. 하지만 이 성공 경험이 꼭 몇천만 원, 몇억 단위의 큰 규모일 필요가 없습니다. 코카콜라 1주, 나이키 1주, 애플 1주 등 각자가 좋아하고 믿고 있는 종목들을 하락장에서 조금씩 매수해보는 것만으로도 충분합니다.

그리고 이렇게 매수한 종목들이 인내를 가지고 기다렸을 때 좋은 수익률을 기록한 경험은 투자자에게 자신감을 선사합니다. 그리고 이런 작은 성공 경험들이 쌓이면서 생각과 행동이 변하는 것입니다. 하락장에서 '줍줍'하는 것에 대한 부담감이 줄고, 실제 매수하고 기다리면 주식 투자로 돈을 벌 수 있다는 믿음이 생기는 것이죠. 그 결과 하락장에서 투자하고 있는 종목이 원하는 가격까지 떨어진다면 계획대로 매수할 수 있게 되며 이는 시간이 지나면 계좌 전체의 수익률 상승으로 이어질 것입니다. 투자의 선순환 구조가 완성되는 것이죠.

서대리 역시, 처음에는 하락장에서 추가 매수할 엄두가 나지 않아 이도 저도 못하고 가만히 있었습니다. 더 떨어질 것 같았으니까요. 매수해도 1주 정도였습니다. 그러다가 시간이 지나고 나서 정찰병으로 1주씩 소량 매수했던 종목들의 수익률을 보면서 나름의 자신감을 얻을 수 있었고 이 경험들 덕분에 하락장에서 조금 더 적극적으로 매수버튼을 누를 수 있게 되었습니다.

투자 관련 서적으로 유명한 《돈의 심리학》에는 이런 내용이 있습니다.

"성공적인 투자에는 대가가 따라붙는다. 그러나 그 대가는 달러나 센트로 지불하는 것이 아니다. 그 대가는 변동성, 공포, 의심, 불확실성, 후회로 지불해야 한다."

또한 투자대가들의 명언을 보면 성공적인 투자를 위해서는 항상 인간의 본능에 반해야 한다고 합니다. 이처럼 하락장에서 공포를 느끼는 것은 지극히 자연스러운 현상이고 그런 상황 속에서 매수 버튼을 누르는 것은 누구에게나 어렵습니다. 하지만 이걸 해내는 사람만이 조금씩 앞서나가는 것이겠죠.

결국 자본주의 세상에서 자본은 '우상향'할 것이고 자본을 더 많이 들고 있는 사람이 대부분 승자가 되었다는 사실을 기억하시기 바랍니다. 하락장에서 어떤 종목부터 '줍줍'해야 할지 모르겠다면 비교적 안전하다고 볼 수 있는 S&P500이나 나스닥 같은 시장지수ETF부터 시작하여 성공 경험을 만들어보는 것을 추천합니다.

S&P500 ETF, 국내상장 vs 미국상장

기왕 S&P500 ETF에 투자할 것이라면 국내상장 S&P500 ETF가 아니라 SPY, VOO, IVV와 같은 미국시장에 상장된

S&P500 ETF에 투자하는 것도 좋은 방법입니다. 실제로 많은 투자자들이 국내상장과 해외상장 S&P500 ETF 사이에서 고민합니다.

국내상장 S&P500 ETF와 해외상장 S&P500 ETF의 차이점은 크게 3가지가 있습니다. 첫째, 단어 그대로 거래할 수 있는 시장이 한국과 미국으로 다르다는 점. 둘째, 투자하는 화폐가 원화와 달러로 다르다는 점. 셋째, 수익에 대한 과세방식이 다르다는 점입니다.

이에 따라 투자자에게 유리한 방식을 선택하면 되는데요. 다만 이 차이점들 모두 각각 장단점이 있기 때문에 한쪽이 무조건 좋다 나쁘다를 논할 수 없습니다. 대신 투자자의 현재 상황이나 향후 계획에 따라 유리한 종목이 분명 존재하는 만큼 특징을 잘 살펴서 본인에게 맞는 방법으로 투자하면 됩니다.

TIGER 미국 S&P500나 ACE 미국 S&P500처럼 한국거래소에 상장해 해외주식에 투자하는 ETF를 '국내상장 해외주식 ETF'라 부르며, SPY나 VOO처럼 해외에 상장된 주식을 '해외상장 ETF'라고 합니다. 편의상 국내상장 S&P500 ETF는 국내에서 가장 규모가 큰 TIGER 미국 S&P500으로, 해외상장 S&P500 ETF 역시 규모가 가장 큰 SPY를 예로 들겠습니다.

TIGER와 SPY의 차이점

1. 상장 시장의 차이

TIGER 미국 S&P500은 한국 주식 시장에 상장되어 있기 때문에 정규장 기준 오전 9시~오후 3시 30분까지 거래할 수 있습니다. 반면 SPY는 미국시장에 상장되어 있기 때문에 서머타임 정규장 기준(한국시간) 밤 10시 반부터 다음날 새벽 5시까지 거래가 가능합니다.

서대리의 경우, 타이밍에 연연하지 않고 월급날 시장가에 기계적으로 적립식 매수를 하거나 목표한 주가에 매수를 걸어놓고 자는 편이라 미국주식 거래시간이 크게 불편하지는 않습니다. 오히려 한국 주식시장은 업무시간 중에 열리기 때문에 일하다가 중간에 매수를 걸어야 하고, 증권사 어플을 한번 접속하면 계속 지켜보게 되는 경우도 생기다 보니 신경을 덜 쓸 수 있는 미국시장 거래시간을 선호합니다(요즘은 낮에도 미국 주식 거래가 가능하긴 합니다).

다만 상장 시장 차이에 따른 결정적인 투자 선택 기준이 하나 있습니다. 바로 투자할 수 있는 계좌가 다르다는 점입니다. 미국 상장 ETF인 SPY는 오직 일반 주식 계좌에서만 투자할 수 있지

표 | **ETF별 투자 가능한 상품 계좌**

구분	대표 ETF	일반 증권계좌	연금저축	개인형 IRP	퇴직연금 DC형	중개형 ISA
국내상장 S&P500 ETF	TIGER 미국 S&P500	O	O	O	O	O
미국상장 S&P500 ETF	SPY	O	X	X	X	X

만 국내상장 ETF인 TIGER는 일반 계좌뿐만 아니라 연금저축, 개인형 IRP, 중개형ISA 등 절세 혜택을 누릴 수 있는 특수 계좌에서도 모두 투자할 수 있습니다.

연금저축과 같은 특수 계좌들은 절세한도와 조건이 있기 때문에 해당 계좌를 고려하는 분들이라면 고민할 것도 없이 국내상장 S&P500 ETF를 선택하시면 됩니다. 세금 혜택이 상당히 좋기 때문입니다.

2. 투자하는 화폐의 차이

TIGER 미국 S&P500은 원화로 거래가 되기 때문에 별도의 환전 절차가 필요 없습니다. 하지만 SPY는 달러로 거래되다 보니 SPY를 매수하려면 미리 달러로 환전을 해놓거나 원화주문을 한 후 다음날 달러 환율에 맞게 자동으로 환전되는 서비스를 이용해야 합니다. 당연한 이야기처럼 들리지만 여기에는 큰 차이점이 있습니다. 바로 ETF를 매도하고 나서 그 차이가 극명하게 드러납니다.

TIGER 미국S&P500 같은 환노출 ETF는 달러 환율이 ETF 가격에 반영됩니다. 하지만 매도하게 되면 '원화'로 계좌에 들어옵니다. 반면 SPY를 매도할 경우, 기본적으로 원화가 아닌 달러가 계좌에 남습니다. 즉, 국내상장 S&P500 ETF는 매도하는 순간 달러 투자 역시 끝나는 것이지만 해외상장 S&P500 ETF인 SPY는 매도해도 달러 투자를 유지할 수 있다는 차이가 있습니다. 그래서 미국주식들은 매도해도 달러 환율을 보면서 여러가지 선택을 할 수 있습니다.

이 달러를 다른 미국 주식에 재투자해도 되지만 달러 환율이 높을 때는 원화로 환전하여 한국 주식을 매수하거나 생활비로 사용할 수도 있습니다. 여러 선택지가 있다는 것이 장점입니다. SPY를 팔았을 때 달러 환율이 낮다면 물론 다른 미국 주식에 재투자해도 되지만 달러 환율이 다시 올라올 동안 기다릴 수도 있습니다. 대체로 달러 환율은 1,000~1,200원 사이를 오가지만 환전 시점에 따라 10% 이상의 추가 환차익을 노려볼 수 있다는 점이 국내상장 ETF와 해외상장 ETF의 핵심 차이입니다.

그리고 배당금 역시 달러와 원화로 서로 다르게 들어옵니다. 이 관점에서 달러 배당금을 모아뒀다가 달러 환율이 상승했을 때 원화로 바꾸는 전략을 사용할 수 있습니다. 물론 국내상장 S&P500 ETF를 매도하고 나서 또는 원화로 배당금을 받고 나서 달러로 환전하면 똑같은 것 아닌가 생각할 수 있지만 그럴 의도라면 애초에 TIGER가 아닌 SPY로 투자하는 것이 더 간단하겠죠? 그래서 두 번째 관점에서는 일반 주식계좌 기준, 해외상장 ETF인 SPY를 매수하는 것이 더 이점이 많습니다.

특히 달러의 경우 가지고만 있어도 경제위기 등의 상황에서 달러 환율 급상승으로 인해 우리의 소중한 계좌를 잘 방어해주는 만큼 서대리 역시 달러를 하나의 종목이라 생각합니다 기회가 될 때마다 환전하고 있고 연금 계좌 외 여유자금으로 미국상장 S&P500 ETF인 SPY나 VOO, IVV를 일반 주식계좌에서 모아가고 있습니다. VOO(부)자가 되기 위해서요.

3. 과세방식 차이

국내상장 ETF와 해외상장 ETF의 마지막 차이점은 수익에 따른 과세방식이 다르다는 점입니다. 일단 해외상장 ETF인

SPY의 경우 배당금에는 15%의 배당소득세, 매도차익에 대해서는 22%의 양도소득세가 부과됩니다. 여기서 매도차익의 경우, 연간 250만 원까지는 비과세고 250만 원이 넘어가는 수익에 대해서만 22% 세금이 부과됩니다. 참고로 해외주식은 ETF 뿐만 아니라 개별종목들의 실현수익과 손실을 합산하여 계산합니다.

예를 들어, 서대리가 SPY를 매도하여 500만 원의 이익이 났고 QQQ를 매도하여 200만 원의 손실을 봤다면 내야 하는 양도세는 11만 원[(500만 원-200만 원) -250만 원×22%]이 됩니다. 반면 일반 주식 계좌에서 국내상장 S&P500 ETF를 투자할 경우, 단순하게 배당금과 실현수익 모두 15.4%의 배당소득세가 과세되는데요. 특히 배당금 말고 매도차익도 배당소득세라는 점이 포인트입니다.

그러다 보니 본인 명의의 연간 총배당금, 이자, 국내상장 해외 ETF로 번 이익의 합이 2천만 원이 넘으면 금융소득 종합과세로 넘어갑니다. 현재 세법상, 국내상장 S&P500 ETF의 투자 규모가 커서 2천만 원 이상의 이익을 봤다면 종합과세로 인해 15.4% 이상으로 생각보다 많은 세금을 내야 할 수도 있습니다.

즉, 단순 세율만 비교하면 미국상장 ETF에 투자하는 것이 불리해 보이지만 자세히 보면 꼭 그렇지도 않은 이유가 이 때문입니다.

그래서 이론상 세금의 효율만 따졌을 때는 연간 예상수익이 833만 원보다 적으면 해외상장 S&P500 ETF인 SPY가 유리하고 833만 원 이상, 2천만 원 미만이라면 국내상장 S&P500 ETF인 TIGER가 유리합니다. 그리고 예상수익이 2천만 원 이상이라면 분리과세가 되는 미국상장 S&P500 ETF 투자가 유리합니다.

참고로 기준인 833만 원은 국내상장 해외ETF 기준 15.4%의 배당소득세를 낼 때와 미국상장 ETF 기준 250만 원 공제 후 22% 양도소득세 내는 것이 같아지는 금액입니다.

다만 서대리를 포함한 독자 분들께서는 추후 S&P500 ETF 투자로 연 2천만 원이 아닌 억 단위의 수익을 거둘 자산가가 될 것이기 때문에 과세체계가 드라마틱하게 바뀌지 않는 한 국내상장 S&P500 ETF는 연금저축과 같은 절세형 계좌를 이용하고, 일반 계좌는 해외상장 S&P500 ETF로 모아가는 것이 장기적으로 좋은 선택이라고 생각합니다.

거기다가 아직 확정은 아니지만 몇 년 후에는 국내상장 해외ETF 매매차익에 대해서 배당소득이 아닌 양도소득세로 분리되어 매매차익의 22%를 부과하는 방식으로 바뀐다고 하는데, 그렇게 되면 연금 계좌나 ISA 계좌 말고는 굳이 일반 계좌에서 국내상장 해외ETF에 투자할 이유가 더더욱 사라집니다.

내용을 정리하자면 세금 혜택이 매우 좋은 연금 계좌나 중개형ISA 계좌에서는 국내상장 S&P500 ETF로 투자하고 그 외의 여유자금으로는 일반 계좌에서 해외상장 S&P500 ETF에 투자하는 것이 유리한 선택입니다. 서대리 역시 세액공제 혜택을 최대로 받을 수 있는 연 400만 원까지는 연금저축, 연 300만 원까지는 개인형 IRP에서 국내상장 해외ETF를 투자하고 나머지 투자금은 일반 주식계좌에서 해외상장 S&P500 ETF를 모아가고 있습니다.

에필로그

누구나 하는 쉬운 일도 꾸준히 하면 상위 1%가 됩니다

사회초년생 시절, 저는 누구나 인정하는 욜로족(YOLO)이었습니다. 취업 후 월급을 받으면 인생을 즐긴다며 돈을 아낌없이 써 버렸습니다. 고급 레스토랑에서 저녁을 먹고 좋은 호텔에 가보고 명품을 사며 대학생 시절에는 미처 경험할 수 없었던 세상을 경험했습니다. 그렇게 소비의 즐거움에 빠졌던 데에는 나름의 이유가 있었습니다. "이 월급으로는 어차피 서울에 집 못 사", "내가 어떻게 10억을 모아"라는 생각도 있었습니다. 어찌 보면 자기합리화였던 것 같기도 합니다.

그렇게 몇 년의 시간이 흐르고, 욜로 라이프를 보내던 저를 지금의 서대리로 만들어준 사건이 있었습니다. 건강 악화로 인한 수술이었습니다. 몸을 회복하던 시기에 문득 소비의 덧없음(?)과 공허함을 크게 느끼게 되었습니다. '아무런 대책 없이 살다가 큰일나겠다'라는 생각이 들기 시작했습니다. 그때부터 재테크에 관심을 갖고 공부를 시작했습니다. 한 달 30만 원으로도 누구나 충분히 노후를 준비할 수 있다는 것을 알게 되었습니다.

실현 가능한 목표가 생기자 제 의식과 행동이 빠르게 변했습니다. 소비를 하지 못하면 스트레스를 받았는데 이제는 오히려 소비를 하면 스트레스를 받습니다. 직장생활을 한 지 10년이 훌쩍 넘는 지금, '최소 한달에 30만 원만이라도 노후 준비를 위해 사용하자'라고 다짐했던 서대리는 어느덧 서울에 내집마련을 성공했고, 금융자산도 더 늘어났습니다. 완벽한 노후준비를 위해 아직 열심히 달리는 중이지만 그래도 한참 멀게만 느껴졌던 목적지가 이제는 훨씬 더 가까워졌음을 느낍니다.

노후준비는 마음먹기에 달렸습니다. 안 된다고 생각하면 영원히 안 되는 것이고 된다고 마음먹으면 진짜 되기 때문입니다. 욜로족이였던 서대리가 파이어족이 된 것처럼요. 저는 이 책을 통해 노후 준비에 대한 막연한 두려움을 가진 많은 분들께 "여러분도 할 수 있다"는 자신감을 드리고 싶습니다. 그리고 이 책이 그 여정의 이정표가 되었으면 합니다.

다만, 노후 준비를 너무 쉽게 얕보면 안 됩니다. 두 가지를 명심하셔야 합니다. 바로 '시간'에 투자하는 것과 '꾸준히' 투자하는 것입니다. 장기투자란 쉽지 않습니다. 어떤 상황에서도 흔들리지 않고 꾸준히 투자하는 것 역시 쉽지 않습니다. 2020년, 2021년처럼 자고 일어나면 오르던 주식 호황기에는 지금이 고점일 것 같아 매수하기 두렵고, 각종 악재로 끝없이 주식이 하락했던 2022년 주식 불황기에는 지금보다 더 떨어질 것 같아서 매수하기 두려웠습니다.

하지만 노후 준비를 위해서는 어떠한 상황에서도 기계처럼 "꾸준히" 매수할 수 있어야 합니다. 프랑스 소설가 앙드레 지드는 다음과 같은 말을 남겼습니다.

"평범한 일을 매일 평범한 마음으로 실행할 수 있는 것이 비범한 것이다."

누구나 할 수 있을 것 같은 쉬운 일도 '꾸준히' 하면 상위 1%가 됩니다.

마찬가지로 월적립식 투자가 간단해 보일 수도 있지만 1~2년 직접 투자하다 보면 상당히 어려운 일이라는 것을 알게 되실 겁니다. 수많은 경제 부침을 이겨내며 묵묵히 한 달에 30만 원을 적립하겠다는 결심을 매달 지키는 것이 얼마나 어려운지 말이죠. 그러나 월적립식 투자는 누구나 노후준비를 하고 경제적 자유를 얻을 수 있는 가장 확실하고 현실적인 방법입니다.

세상은 멈춘 적이 없고 인류가 멸망하지 않는 한 경제는 돌아갑니다. 포기하지 않고 꾸준히 투자하여 저와 함께 경제적 자유로 한 걸음 더 나아갈 모든 분들을 응원합니다.

세이지
世利知
출판사 출간도서

내 은퇴통장 사용설명서

국민연금부터 필수 연금, 보험, 상속까지
노후 현금 흐름이 불어나는 퇴직 전 돈 수업

지은이 이천 | 경제경영 · 재테크 | 값 18,000원

"5년만 더 일찍 준비하세요." 기업체 은퇴 재무설계 1타 강사의 비밀노트

"국민연금 더 받을 수 있습니다, 개인연금 지금이라도 가입해 불려야 합니다." 중년 직장인들이 유일하게 졸지 않고 듣는 강의. 대기업과 공기업, 지자체에서 은퇴 재무설계 일타강사로 꼽히며 퇴직 예정 직장인을 대상으로 300여 회 이상 강의를 진행해온 저자 이천이 직장인들에게 꼭 필요한 자료와 은퇴자들의 상담 내용을 바탕으로 이론과 실재를 결합한 독보적인 은퇴 재무설계 전략을 책에 담았다.

내 통장 사용설명서 3.0

목적에 맞게 돈이 차오르는
대한민국 필수 통장 7 완벽 활용법

지은이 이천 | 경제경영 · 재테크 | 값 16,000원

"이책이 은인이었다" 12년간 50만 독자와 함께한 재테크 분야의 스테디셀러

자산 관리는 결국 통장 선택의 문제다. 자산이 많은 건물주 고객도, 첫 월급을 받은 신입사원도 결국에는 7개의 통장을 만들고 불리는 과정으로 부자가 됐다. 자산의 뼈대를 세우는 월급통장, 예금·적금 통장부터 돈을 불리는 주식계좌, 집을 마련하고 노후를 준비하며 위험을 대비하는 청약, 보험, 연금까지, 상품의 바탕 지식부터 전략적 활용법까지 재테크를 시작하는 사람을 위한 눈높이 맞춤 지도서.

당신이 모르는 진짜 농업 경제 이야기

**지구에서 가장 조용하고 치열한
농업이라는 블루 오션**

지은이 이주량 | 경제경영 | 값 21,000원

**“마켓컬리 김슬아 대표, 경제학자 우석훈, 삼프로TV 부대표 이진우,
블루보틀 커피 전 CMO 최연미 강력추천!”**

역사상 유일하게 가장 많이 먹고 가장 싸게 먹고 가장 멀리에서 가져다 먹는 미식과 먹방의 시대, 농업이라는 인류 생존 인프라 산업에 대한 문명사부터 현재 치열하게 격돌 중인 글로벌 식량 산업에 대한 숨가쁜 현장까지 과학기술정책연구원(STEPI) 선임연구위원 이주량 박사가 전하는 세계 식량의 현재와 미래.

3인 가족 재테크 수업

부부와 외동아이, 돈에서 자유로워지는

지은이 이천 | 경제경영 · 재테크 | 값 14,500원

“아이는 하나인데 왜 돈은 더 많이 쓸까요?”

아이가 하나라 가족끼리 결속력도 크지만 리스크도 안고 있는 3인 가족. 대한민국 1세대 재무설계 전문가가 100여 케이스가 넘는 3인 가족과의 상담을 바탕으로 3인 가족이 반복하게 되는 함정과 반드시 준비해야 할 3가지 재무 이슈인 자녀교육비, 내집마련, 노후준비를 바탕으로 3인 가족의 행복을 만들어갈 현실적인 재무 설계 방법을 공개한다.

잡지의 사생활

미감과 호기심, 대화와 물건으로 이루어진 매체를 서울에서 만드는 일에 대하여

지은이 박찬용 | 에세이 | 값 14,000원

"책보다 빠르고 신문보다 깊은 매체를 만드는 창의적 노동에 관하여"

욕망을 자극하는 화보부터 속 깊은 인터뷰, 차가운 칼럼까지, 월간 〈에스콰이어〉 피처 에디터였고 현재 매거진 〈B〉 에디터인 박찬용이 잡지를 만든 경험과 고민, 매체 안팎에 얽힌 궁금증, 잡지 에디터의 삶에 대해 이야기한다.

나이 들면 즐거운 일이 없을 줄 알았습니다

단단하고 행복해지는 중년, 삶의 새로운 속도와 리듬

지은이 전윤정 | 에세이 | 값 14,000원

"나이 드는 몸 이야기 말고 나를 행복하게 해주는 방법이 이렇게 많았다니"

나이 먹으면 친구를 사귀지 못할 줄 알았고, 나이 먹으면 즐거운 일이 없을 줄 알았다. 하지만 삶은 예상치 못한 곳에 선물을 숨겨놓았다는 것을 알게 되었다. 여성 · 사회학적 관점을 바탕으로 변해가는 중년의 몸과 출렁이는 마음을 진단하고, 나다운 삶을 살아갈 지혜와 방법을 재치 있고 유머러스하게 전한다.

나는 노후에
가난하지 않기로
결심했다

지은이 | 서대리

1판 1쇄 발행 | 2022년 7월 20일
1판 8쇄 발행 | 2025년 1월 13일

펴낸이 | 이한나
마케팅 | 최문섭
제작 | 류정옥
인쇄 | 두성P&L

펴낸곳 | 세이지(世利知)
등록 | 2016년 5월 16일 2016-000022호
대표전화 | 070-8115-3208
팩스 | 0303-3442-3208
메일 | sage@booksage.co.kr
ISBN | 979-11-89797-15-7 03320